ものづくり生産現場の
社会システム

―チームワーク研究の世界展開―

野渡正博 著

文眞堂

発刊にあたって

　私の少年時代のプロ野球と大相撲の話である。南海ホークスの名監督　鶴岡一人の言葉に「グランドにゼニは落ちている」がある。また，土俵の鬼と呼ばれた横綱初代若乃花の引退後の言葉に「土俵に金が埋まっている」がある。プロ野球選手は，自身の努力と精進，創意工夫によっていくらでも成績を上げることができ，これにより多くの報酬を得ることができる。果敢にトライすることを勧めるものである。力士であれば出世ができ，横綱も夢ではないことを語る言葉である。日頃の努力と他人とは異なる工夫が，グランドや土俵上の勝負の結果に結びつく。ある意味際限のない限界に自らの可能性をかけて挑戦するものだけが，結果として名選手，名力士となり経済的にも大きな成果を得ることができることを示唆する言葉である。ものづくり生産現場にも，まだまだゼニは落ちているし，金が埋まっている。新たな観点から掘り起こす必要がある。今一つの話は，フランスの童話作家モーリス・メーテルリンクの童話劇「青い鳥」である。二人兄妹のチルチルとミチルが，夢の中で幸福の象徴である青い鳥を探しに行くが見つけられず，夢から覚めると自宅の鳥かごの中にいたという話である。幸福は自分たち家族の中にあるという寓話である。人類の福祉と幸福は，まさに生産現場の中にある。

　現場，現物，現実の三現主義によるものづくりの生産現場には，まだ見えていないマネジメントの対象にすべき資源が存在する。現政府の労働生産性向上に対する「働き方改革」の構築は重要であるが，その考え方や仕組みには新奇性が少なく，従来の提言への積み上げの印象が強い。しかし，経済的に閉塞状態にある日本経済の現状は，これを法制化し実施することへの要求を高めている。経済的に停滞状況が続いた「失われた20年，30年」としての1990年代以降の歴代政府は，バブル崩壊不況にも懲りず，金融活動主体の経済政策を展開している。グローバルで不安定な経済活動のなかでの制御しえない他国の経

済活動に左右されるバーチャルな金融経済ではなく，足が地に着いたものづくりを中心とするリアルな実経済と，加工貿易立国としての着実な製造業主体の国力増強を再確認する必要がある。我が国自体のグローバルな金融経済は，世界生産展開による実経済に基づいていることを再確認すべきである。額に汗する日々の努力を通じてのまっとうなものづくりによる経済活動が日本および日本人にふさわしい。生産現場の視点からは，「働き方改革」は，まさに「仏つくって魂いれず」の感が強い。

さて，現状の生産マネジメントは，生産システムの構築や生産技術支援による生産ラインの開発に重点を置く傾向が強い。しかし，生産現場には数多くの作業者や彼らから構成される作業チームが存在し，そこには，ものづくりに関するチームワークが存在する。これは，チーム構成員である多様な能力と社会的背景を持つ個人による日々の活動であり，一つの社会システムが存在することを意味する。本来，生産マネジメントは，生産システムと社会システムの両者をマネジメントすべきである。ものづくりが機械化，ロボット化，自動化となり作業者は減少しても，生産工場全体には，両者の視点が必要である。

本著では，ものづくり生産現場の作業チームに着目し，その作業チーム内のチームワークを社会システムとしてとらえている。労働生産性は，生産現場の作業チームの活動により大きく影響を受けるため，より注力する必要がある。チームワークを学問的にとらえるには集団に関する心理学である集団力学（Group Dynamics）の知見が有効である。生産現場を最も良く理解しているのは，作業チームを構成するチームメンバーである作業者であり，彼らのものづくり過程におけるチームワークに対する認識を調査し，労働生産性との関係を確認する必要がある。生産システムの評価としての労働生産性に関する評価尺度は，すでに IE に基づく評価として定着しており，作業チームの生産性が多くの事例研究工場で評価され，日々のマネジメント活動が展開されている。一方，チームワークは，現状では暗黙知であり，この社会システムを形式知として構築し，生産マネジメントの管理対象として取り込むことの必要性が迫られている。この新しいパラダイムは，新たな設備投資を必要としない労働生産性向上対策であり，PDCA の管理サイクルの循環により継続的なマネジメント

が可能である。生産現場にも，まだまだ「金のなる木」は埋もれている。これを発掘できないことによる機会損失は大きい。「青い鳥」のように，その支援を外に求めるのではなく，自らの作業チームについて深掘を行うべきである。良い現場は，その可能性を大いに持っている。

　現在，出版されているチームワークに関する書籍は，いずれも海外翻訳も含めて主としてコンサルタントとしての経験談を通じた啓蒙的，表層的，観念的なハウツーを中心とするものが多い。読者は，ここから得られた知識と自らの経験によりチームワークのマネジメントを実践するが，確たる自信のないままの半信半疑の活動にとどまっていることを経験的に学んでいる。一般的に，経営・経済関係の著書は海外発の翻訳本が多く，オリジナルな発想で世界に発信できる日本発の発想と実践に基づく知見を持つ研究成果が強く望まれている。本著は，解析的，設計的，定量的な評価システムであり，チームワークに対する心理学アプローチでもある。日本発のコンセプトとして世界のものづくりに貢献したいと考えている。

　本著で紹介する「チーム作業」は，第1部と第2部では，強い相互補完としてのチームワークを求められる作業形態である集団作業（グループ作業，連合作業，組み作業など）と規定している。これは，より強いチームワークが求められる作業形態のなかで，より明確に確認できるという判断に基づいている。しかし，第3部以降では，国内外の生産現場の作業チームについて特に規定を設けておらず，多種多様の作業形態が含まれている。従って，国内向けの解析モデルである ITD（Industrial Teamwork Dynamics）と，これをスパイラルアップした海外での解析モデルである GITD（Global Industrial Teamwork Dynamics）は，全ての作業形態を含んでいる。

　本書の流れは，二人作業の心理学実験において，相互作用が個人能力以上にチーム生産性に影響を与える場合があることの確認からスタートしている。これと並行して生産現場の作業チームのチームリーダーの意識調査により，チームワークの実態を確認している。これらの結果に基づき，我が国の生産現場におけるチームワークを評価するチームワーク評価因子を全国調査に基づき抽出している。その後，このチームワーク評価因子に基づき，国内外の事例研究を

通じて，ITD と GITD の頑強性を確認し，さらに，社会生産性とチームワークマネジメントの概念を提唱している。約 40 年にわたる生産現場における社会システム探索の旅でもある。

　本著の構成は，序章，本論 6 部 10 章と補遺 1 章である。「序章：ものづくり生産現場のチームワーク」は，チームワーク研究の社会的背景や社会システムと生産システムの融合の重要性，またこれを実際に展開する社会生産性やそれをマネジメントするチームワークマネジメント，解析手法等についての紹介であり，本著のガイドである。「第 1 部：産業界での実証研究の前に」は，「第 1 章：実験心理学」と「第 2 章：作業チームリーダーの認識」である。第 1 章は，チームメンバーの相互作用に基づく心理的要因が個人能力以上にチーム生産性に影響を与えることを確認した研究の原点である。さらに，第 2 章は，生産現場の作業チームリーダーが持つチーム作業およびチームワークに対する認識を社会調査によって確認を行い，引き続く章の研究指針の確認である。この国内調査は，現在工業立国を目指す東南アジアの発展途上国や中国に有益であろう。「第 2 部：生産現場からのチームワーク評価因子の抽出」は，「第 3 章：集団力学」であり，我が国の生産現場におけるチームワークを評価すべき因子をチームワーク評価因子として抽出している。チームワークに関する最初の全国的社会調査であり，第 3 部以降の生産現場での実証的研究では，このチームワーク評価因子によりすべての解析が行われている。「第 3 部：ITD の構築と検証 / 国内」は，国内企業への ITD の適応であり，チームワークの暗黙知からの形式知への変換が可能であることを「第 4 章：自動車部品製造企業」，「第 5 章：縫製企業」で検証している。「第 4 部：社会学の視点」は，国内での ITD を海外での GITD へとスパイラルアップを行うとともに，GITD の事例研究全体に対して社会学の視点から俯瞰的な考察を行っている。「第 6 章：宗教と国富 / アメリカ，ヨーロッパ，アジア，中国，日本」では，宗教と国富がチームワーク認識に与える影響を確認し，「第 7 章：民族心理学 / マレーシア」では，多民族国家マレーシアにおける民族間のチームワーク認識差異を確認している。いずれも，研究成果として現地生産におけるチームワークマネジメントの指針を研究対象企業に提案報告している。「第 5 部：GITD の検証 / 海外」は，

GITD の検証であり，「第 8 章：中国」では，生産タクトタイムと事業所の持つ累積効果について，中国の 4 事業を紹介している。「第 6 部：社会生産性とチームワークマネジメント / GITD の発展」は，社会システムとしての生産現場の作業チームにおけるチームワーク認識と生産システムとしての彼らのチーム生産性との両者による社会生産性を提案し，これをマネジメントするチームワークマネジメンを「第 9 章：タイ」と「第 10 章：ベトナム」で考察し，社会生産性のコンセプトを確認している。補遺は，「第 11 章：経営シミュレーションにおけるチームワーク」であり，疑似経営活動における経営者としてのチームのチームワーク動態の確認である。

　本著は，公益社団法人日本経営工学会の「日本経営工学会論文誌」，「経営システム」および産業・組織心理学会の「産業・組織心理学研究」に掲載された自著報文について要約加筆を行っている。掲載された学会誌名等は巻末，出典一覧に紹介しているので，より詳細に確認したい場合は，各学会のホームページからフルペーパーの参照が可能である。ここで，第 7 章，第 9 章，第 10 章は，本著出版にあたって新たに就筆したものである。

　国内外を通じて研究の場をご紹介頂いた研究対象企業の国内親企業，海外現地生産事業所の関係各位，アンケート調査にご協力頂いた国内外の従業員約 15,000 名の皆様のご理解とご支援に改めて御礼申し上げます。

　学生時代からものづくり生産現場に興味を持ち，またその生産現場の巧みな仕組みづくりや生産システムを中心とする生産マネジメントから実践的な知見を産業界から数多く学びました。特に，生産現場の作業者による QC サークル活動や小集団活動を通じて，彼らと彼らを支えるスタッフの知恵と努力と品質に対する真面目な姿勢に強く感銘を受けました。国内外を含めて，このような優れた生産現場は枚挙にいとまがありません。ものづくり生産現場が，我が国経済を大きく支えていることの証左と存じます。本著は，研究の視点を与えて頂いた生産現場への恩返しと，産業界のさらなる発展の期待も込めてまとめました。

生産現場における社会科学の研究活動は，コンセプトを組み上げた後に，これを実際に検証する必要があります。本著では明確な検証結果が得られたもののみを紹介していますが，こちらの努力不足もあり，まとめきれなかった国内外の研究成果は数多く残されています。引き続き解析を継続してまいります。社会生産性やチームワークマネジメントの構築は，初期段階であり，今後も産業界および学協会のご支援とご協力を賜れば幸いと存じます。

　最後に，家庭ではいつも明るい二人の娘たちの元気な声と，研究優先の生活にも文句も言わず好き放題な場を家庭で与えてくれた妻の理解と忍耐に，改めて感謝したい。

2017 年 3 月，
横浜の自宅にて
著　者

vii

目　　次

発刊にあたって……………………………………………………… i

序章　ものづくり生産現場のチームワーク …………………… 1

  1.　はじめに ……………………………………………………… 1

  2.　研究の現況 …………………………………………………… 4

  3.　社会的共通資本と社会関係資本 …………………………… 4

  4.　社会心理学 / 集団力学 ……………………………………… 6

  5.　ITD / GITD …………………………………………………… 7

  6.　社会システムと生産マネジメント ………………………… 9

  7.　作業チームにおける社会システムと生産システムの融合 ……… 11

  8.　社会生産性とチームワークマネジメント ………………… 14

  9.　解析手法 ……………………………………………………… 23

  10.　社会生産性の把握 …………………………………………… 26

    参考文献………………………………………………………… 34

第1部　産業界での実証研究の前に

第1章　実験心理学 …………………………………………… 39

  1.　はじめに ……………………………………………………… 39

  2.　実験概要 ……………………………………………………… 40

    2.1　実験準備 ………………………………………………… 40

    2.2　評価項目 ………………………………………………… 41

  3.　解析および考察 ……………………………………………… 44

viii　目　次

3.1　平均値と標準偏差‥‥‥‥‥‥‥‥‥‥‥‥‥‥‥‥‥‥‥‥‥ 44

3.2　個人能力および相互作用とチーム作業による作業時間‥‥‥‥ 47

3.3　相互作用における情報の集約化‥‥‥‥‥‥‥‥‥‥‥‥‥‥ 48

3.4　チーム作業による作業時間への影響‥‥‥‥‥‥‥‥‥‥‥‥ 48

参考文献‥‥‥‥‥‥‥‥‥‥‥‥‥‥‥‥‥‥‥‥‥‥‥‥‥‥ 51

第2章　作業チームリーダーの認識‥‥‥‥‥‥‥‥‥‥‥‥‥‥ 52

1.　はじめに‥‥‥‥‥‥‥‥‥‥‥‥‥‥‥‥‥‥‥‥‥‥‥‥‥ 52

2.　調査概要‥‥‥‥‥‥‥‥‥‥‥‥‥‥‥‥‥‥‥‥‥‥‥‥‥ 53

3.　チーム作業‥‥‥‥‥‥‥‥‥‥‥‥‥‥‥‥‥‥‥‥‥‥‥‥ 54

4.　属性‥‥‥‥‥‥‥‥‥‥‥‥‥‥‥‥‥‥‥‥‥‥‥‥‥‥‥ 55

5.　調査結果‥‥‥‥‥‥‥‥‥‥‥‥‥‥‥‥‥‥‥‥‥‥‥‥‥ 59

6.　解析および考察‥‥‥‥‥‥‥‥‥‥‥‥‥‥‥‥‥‥‥‥‥‥ 63

6.1　作業割当て‥‥‥‥‥‥‥‥‥‥‥‥‥‥‥‥‥‥‥‥‥‥ 63

6.2　チーム作業の認識‥‥‥‥‥‥‥‥‥‥‥‥‥‥‥‥‥‥‥ 63

6.3　チーム作業の将来‥‥‥‥‥‥‥‥‥‥‥‥‥‥‥‥‥‥‥ 66

参考文献‥‥‥‥‥‥‥‥‥‥‥‥‥‥‥‥‥‥‥‥‥‥‥‥‥‥ 67

第2部　生産現場からのチームワーク評価因子の抽出

第3章　集団力学‥‥‥‥‥‥‥‥‥‥‥‥‥‥‥‥‥‥‥‥‥‥‥ 71

1.　はじめに‥‥‥‥‥‥‥‥‥‥‥‥‥‥‥‥‥‥‥‥‥‥‥‥‥ 71

2.　調査概要‥‥‥‥‥‥‥‥‥‥‥‥‥‥‥‥‥‥‥‥‥‥‥‥‥ 71

3.　チームサイズ‥‥‥‥‥‥‥‥‥‥‥‥‥‥‥‥‥‥‥‥‥‥‥ 72

4.　集団統合化要因‥‥‥‥‥‥‥‥‥‥‥‥‥‥‥‥‥‥‥‥‥‥ 73

5.　解析および考察‥‥‥‥‥‥‥‥‥‥‥‥‥‥‥‥‥‥‥‥‥‥ 74

5.1　チームサイズに基づくチームワーク評価因子の抽出‥‥‥‥ 74

(1)　評価素点‥‥‥‥‥‥‥‥‥‥‥‥‥‥‥‥‥‥‥‥‥‥ 75

(2)　集団統合化要因（仮説モデル）‥‥‥‥‥‥‥‥‥‥‥‥ 77

（3） 集団統合化要因（設定モデル） ……………………………… 82

（4） チームワーク評価因子の抽出 …………………………………… 83

5.2 チーム作業の 3 属性に基づくチームワーク評価因子の抽出 …… 93

（1） チーム作業の属性 ………………………………………………… 93

（2） 集団統合化要因（確定モデル） ……………………………… 93

（3） チームワーク評価因子の確定 ………………………………… 94

（4） チームワークの緊密性 ………………………………………… 97

（5） チームワーク評価因子の定義 ………………………………… 100

参考文献 …………………………………………………………… 101

第 3 部　ITD の構築と検証／国内

第 4 章　自動車部品製造企業 …………………………………… 105

1. はじめに ………………………………………………………… 105

2. 研究対象企業 …………………………………………………… 105

3. 作業チーム ……………………………………………………… 106

4. チームワーク評価因子 ………………………………………… 106

5. チーム生産性 …………………………………………………… 106

6. 解析および考察 ………………………………………………… 107

6.1 チームワークの緊密性とチーム生産性 …………………… 107

6.2 高生産性作業チーム群と低生産性作業チーム群 ………… 108

参考文献 …………………………………………………………… 114

第 5 章　縫製企業 ………………………………………………… 116

1. はじめに ………………………………………………………… 116

2. 研究対象企業 …………………………………………………… 116

3. 作業チーム ……………………………………………………… 117

4. チーム生産性 …………………………………………………… 118

5. 解析および考察 ………………………………………………… 119

x　目　　次

　　5.1　高生産性作業チーム群と低生産性作業チーム群のチームワーク
　　　　の緊密性 ･･ 119

　　5.2　高生産性作業チーム群と低生産性作業チーム群のチームワーク
　　　　評価因子の関連性 ･･ 123

　　参考文献 ･･ 126

第4部　社会学の視点

第6章　宗教と国富 / アメリカ, ヨーロッパ, アジア, 中国, 日本
　　･･ 129

　1.　はじめに ･･ 129

　2.　研究対象企業 ･･ 131

　3.　回答者属性 ･･ 131

　4.　解析および考察 ･･ 132

　　4.1　宗教によるチームワーク認識差異 ･･････････････････････････････････ 134

　　4.2　国富によるチームワーク認識差異 ･･････････････････････････････････ 136

　　4.3　チームワーク認識の作業力と凝集力への層別 ･･････････････････････ 138

　　4.4　国富によるチームワーク認識の階層構造およびチームワークの
　　　　緊密性 ･･ 140

　　参考文献 ･･ 147

第7章　民族心理学 / マレーシア ･･････････････････････････････････････ 149

　1.　はじめに ･･ 149

　2.　研究対象企業 ･･ 150

　3.　民族と宗教 ･･ 152

　4.　解析および考察 ･･ 153

　　4.1　事業所間比較 ･･ 155

　　4.2　民族間比較 ･･ 156

　　参考文献 ･･ 159

目　次　*xi*

第5部　GITD の検証／海外

第8章　中国 ……………………………………………………… 163

1. はじめに ……………………………………………………… 163
2. 調査概要 ……………………………………………………… 164
3. 研究対象企業 ………………………………………………… 166
4. 解析および考察 ……………………………………………… 167
　4.1　チームワーク認識の概要 ………………………………… 168
　4.2　チームワーク認識差異 …………………………………… 170
　4.3　チームワーク認識の緊密性 ……………………………… 172
　4.4　チームワーク認識の階層構造 …………………………… 175
　参考文献 ……………………………………………………… 179

第6部　社会生産性とチームワークマネジメント／GITD の発展

第9章　タイ ………………………………………………………… 185

1. 研究対象企業 ………………………………………………… 185
2. 社会生産性 …………………………………………………… 186
3. チームワーク過程 …………………………………………… 186
4. 社会生産性に基づく作業チームの布置 …………………… 189
5. チームワークマネジメント ………………………………… 189
6. 成果 …………………………………………………………… 192
　参考文献 ……………………………………………………… 197

第10章　ベトナム ………………………………………………… 198

1. 研究対象企業 ………………………………………………… 198
2. 社会生産性 …………………………………………………… 199
3. 社会システムと生産システムの関連性 …………………… 199

xii 目　次

　4．チームワーク過程 …………………………………………… 202

　5．社会生産性に基づく作業チームの布置 ……………………… 203

　6．チームワークマネジメント ………………………………… 206

　7．成果 …………………………………………………………… 211

補遺

第11章　経営シミュレーションにおけるチームワーク ……… 215

　1．はじめに ……………………………………………………… 215

　2．経営シミュレーションの概要 ……………………………… 215

　3．経営業績 ……………………………………………………… 216

　4．チームワーク評価 …………………………………………… 216

　5．解析および考察 ……………………………………………… 217

　　5.1　チームワークと経営業績 ………………………………… 217

　　5.2　チームワークの時系列的推移 …………………………… 222

　　参考文献 ……………………………………………………… 231

出典一覧 ……………………………………………………………… 232

序章
ものづくり生産現場のチームワーク

1. はじめに

　フレデリック・W・テイラーは，科学的管理法[1]により製造業におけるマネジメントを確立し，その後の生産性評価システム構築へと結びつけている。当時の生産現場にはマネジメントは存在せず，その場その場の成り行き管理であり，この脱皮に IE（Industrial Engineering）によるものの見方が大きく貢献している。その後，100 年にわたる発展過程のなかで，工場管理，工程管理，生産管理，生産システムさらに生産マネジメントへと進化発展し，グローバル生産に対しても IT（Information Technology）支援による IoT（Internet of Things）へと結びつき今日に至っている。

　本著は，その重要性は理解されているものの，未だマネジメントの対象になり得ないチームワークに着目し，それをマネジメントするチームワークマネジメントを提案している。ものづくり生産現場のチームワークに興味を持って 40 年となる。暗黙知のチームワークを形式知としてマネジメントの対象に取り入れる時，テイラーの科学的管理法確立に対する熱い思いに思いをはせる。人が行う作業をいかに正確に評価すべきかという点である。ここでは，人の作業能力は可視可能な外的側面であった。科学的管理法の出版から 100 年を経た現在，生産現場に残る成り行き管理はチームワークのマネジメントであり，これを人文・社会科学の主として心理学から人の内的側面を取り上げる必要がある。第二の科学的管理法としてのチームワークのマネジメントは，生産現場の作業チームのなかに存在するチームワークを一つの社会システムとしてとらえ，これを評価し労働生産性との関係を明確化するものである。ここでは，生

産現場の作業チーム[2] を一つの社会と考える社会心理学と，さらにその背景としての社会関係資本の知見を活用している。社会関係資本は，広義のチームワークと言える。世界共通のキー・ワードであるチームワークをメタモルフォーゼ（Metamorphosis：昆虫の変態／卵➡幼虫➡サナギ➡成虫）のように，暗黙知から形式知へ，アナログからデジタルへ，そしてカオスからシステムに変態させることにより，成り行き管理をチームワークマネジメントにシフトさせることにより，現在顕在化していないチームワークによるロスを明確化し，これを低減させなければならない。

　研究対象は，国内外のものづくり生産現場の作業チームである。各国のチームワークは，社会心理学者ステイナーのモデルに基づいて独自に開発したITD により解析している。彼らの日々の生産活動におけるチームワークは，集団力学の集団過程としてとらえることが可能であり，1980 年代以降に日本国内で実証的研究活動を展開している。2000 年以降は，自動車産業と電機産業を主として，イギリス，ドイツ，アメリカ，メキシコ，インド，タイ，マレーシア，インドネシア，ベトナム，フィリピン，中国，日本の国内外で事例研究を展開している。国内での ITD を海外での GITD としてステップアップを行い，現在も継続中である[3]。

　詳細は後述する各章で述べるが，自らのチームワーク研究の歴史的展開を示す（図序-1）。

　産業界におけるものづくりでは，常にチームワークの重要性が指摘されるが，これへの対応は，各人が自らの経験を通じて個別に修得した知恵に基づくものが多く，職場や工場全体を通じての共通的認識を導き出すための議論が少ない。生産現場のリーダーや管理監督者は，自身の思いに基づきながらも半信半疑でチームワークのマネジメントを行っているのが現状である。我が国の海外現地生産は，将来も継続的に展開されることを考えると，各国と日本の生産現場との認識差異を理解するためにも，日本型マネジメントの現地化での自己組織化過程にもチームワークのマネジメントを取り込む必要がある。現地生産を担うマネージャーは，各国間ではチームワーク認識には差がないという暗黙の自己理解に基づくマネジメントが多く，そのことに基因する苦労も多い。ま

図序-1　ものづくり生産現場のチームワーク研究の歴史的展開

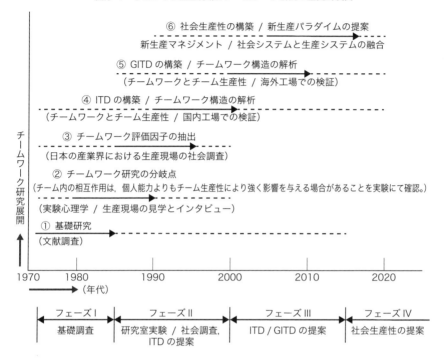

た，現地駐在員は 3 年～5 年で交代する場合が多く，ノウハウの蓄積速度も遅い。従って，チームワークを形式知として累積的に蓄積することは，現地事業所での知識生成の意義も大きく，日本を含む各国の産業人にも大きく貢献する。母国の親工場と進出先国の現地工場との間に，win-win な相互関係を生成する必要がある。

　ものづくり生産現場の日常活動におけるチームワークに対する認識をアンケート調査によって確認している。チームワークは世界共通のキー・ワードであるためその構成因子も各国共通であるが，宗教による社会的背景や国富としての経済的背景も影響を与えることが確認されている。日本の労働生産性は，先進 7 か国で最低であるといわれており，日本発の新しいパラダイムが求められる。

2. 研究の現況

　三隅[4] 以降の社会心理学者は，生産現場への興味は低調である。また，作業チームに影響を与える心理学的因子の設定に関する成果の多くは，種々の制約条件下のもとでの実験室研究が多い[5]。チームワークやそのチーム業績との関係も紹介されているが，ホワイトカラー職場が主である[6],[7]。集団あるいはチームに関する研究は，組織行動論，小集団と業績[8]，リーダーシップとチーム活動[9] など，多方面から展開されており，生産現場での作業心理学の視点[10]，グループ・ダイナミックス[11]，集団業績と集団過程[12] の知見が有益である。しかし，概念的記述や実験室実験での研究成果が多く，産業界での実証的成果は少ない。また，集団力学を中心として集団の構成要因や産業界での展開が数多く研究され紹介されている[13]。さらに，労働価値の再認識による集団の必要性を説くレギュラシオン学派による指摘や，労働の単調感をもたらす流れ作業を批判するアフター・フォーディズム[14] や，労働の中に経営的技能を含むべきとするフレキシビリティの提案など社会学での知見が有益である。労働の人間化では，集団による作業方式の重要性を指摘しており，集団の意義とその効果[15] や，産業界における IE から集団への着目や，産業社会学からの集団の重要性に関する指摘[16] もある。しかし，生産現場のチームワークに対する研究成果を確認することはできない。近年，社会関係資本に基づく独自の研究成果[17]〜[20] の展開により，この視点からの作業チームに関する研究に注目が集まっている。

3. 社会的共通資本と社会関係資本

　社会的共通資本は，20 世紀の資本主義と社会主義の経済体制を超える思想であるリベラリズムに由来しており，ジョン・スチュアート・ミルやジョン・デューイによるひとつの哲学体系としての制度主義として提案されている。アダム・スミスは，国富論以前の著書「道徳感情論」[21] のなかで，共感という

概念を導入し人間として誰もが持つ共通の社会性に着目し，これによる市民社会の可能性を秘めた社会的人間の集団としてとらえることの重要性を指摘している。社会的共通資本は，自然資本，社会資本（社会的インフラストラクチャー），制度資本に大別され，社会正義に基づいて国民一人一人に供給されるような制度の実現を目指すことが経済学者の最大の課題であると指摘している[22],[23]。本著で提案する社会生産性も制度資本に組み込むべきと考える。

一方，人間の絆としての社会関係資本の概念を提唱したのは，ハーバード大学教授のパットナムである。彼によると企業のリストラクチュアリングと臨時雇いなどの不安定就業の増加が社会関係資本を著しく衰退させ，人間の絆の衰退が社会危機のみならず，経済的危機をもたらすと指摘している。マズローの欲求5段階説を出すまでもなく，人は自分自身の存在価値を認識することにより幸福を実感できる。利害関係に基づく人為的に形成された社会であるゲゼルシャフトである企業が，人間関係で結びついた伝統的な共同体であるゲマインシャフトにウェイトに移すことが望まれると指摘している。さらに，21世紀は，市場原理に基づく経済システムが拡大するのではなく，フラット型組織のなかで協力原理に基づく社会システムが拡大する時代であるとの指摘もある[24],[25]。社会活動は，公共事業やインフラストラクチャーを中心とするハードウェア物的資本としての社会資本と，社会や企業のなかでヒューマンウェア（人的資本）として展開している社会関係資本により支えられている。本著は，第2次産業（製造業等）に属する生産現場の作業チームを研究対象として取り上げる（図序-2）。

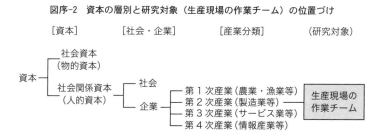

図序-2　資本の層別と研究対象（生産現場の作業チーム）の位置づけ

このように，チームワークの背景には社会関係資本があり，日常の社会活動は，組織や集団の構成員が持つ相互信頼や相互補完によって支えられるべきであり，これらの社会関係を資本として蓄積し，成果向上を目指す必要がある。従来の組織論では取り上げられることが少ないが，人間が本来持つ性善説の立場である。個人に着目する人的資源管理研究とは異なる視点である。ここでは，社会における協調行動の活性化を通じて，社会の効率性を高め，信頼関係，互酬性の規範，無償の利他的行動，ネットワークなどの重要性を指摘している。そのような意味から，社会関係資本は広義のチームワークであるが，市場では評価しにくい価値であり，直接的な経営活動には結びつかず，市場では外部性と呼ばれている。外部性は，仕組みを工夫することにより市場に内部化できるが，善意の行動が対価を求める経済行為に容易に変わる可能性があり，社会関係資本そのものをこわすという指摘がある。この外部性は，むしろ市場の限界を補完するものとして内部化しない方が良いという解釈がなされている。組織論に従う職階に基づく垂直的人間関係ではなく，平等主義に基づく水平的人間関係の生成である[26]～[28]。しかし，これを市場での外部性として留め置かず，むしろ積極的に生産マネジメントの中に作業チームを取り込み，その成果はチーム評価としてチームメンバーに還元すべきであり，この社会的共通資本と社会関係資本を重視する生産マネジメントの構築が必要である。

4. 社会心理学 / 集団力学

生産現場における人間の社会能力重視による集団価値向上を心理学により確認するには社会心理学や集団力学が有効である。人がいるところ常に集団やチームが形成され，心理的な相互作用を通じてものごとが遂行される。このような集団行動を研究する心理学が集団力学である。

本著で取り上げるチームワークは，社会心理学者 Steiner らの Group Dynamics（集団力学）における Group Process（集団過程）の概念を活用している[29]～[34]（図序-3）。

ここで，

図序-3　Group Process（Steiner Model）

① Task Demand / 職務（課業）要求：遂行すべき作業内容，
② Resource / 資源：Task を遂行するために必要とされるチーム構成員のすべての能力，知識，技能，道具，
③ Process / 手順（過程）：Task を遂行するための Resource をいかに適合させるかの過程である。個人あるいはチームの資源を一つの Task に変換させるための全ての個人的能力と態度，構成員相互の対人行動，
④ Group Productivity / チームとしての生産性：Process の適合良否で左右される成果

5.　ITD / GITD

　Steiner らの Group Dynamics に基づき，生産現場でものづくりを行う作業チームに対する解析モデルとして ITD（Industrial Teamwork Dynamics）を構築している。チーム構成員が持つチームワークに対する認識を評価するためのチームワーク評価因子により，その認識の強さや各因子間の関連性の明確化により形式知とし，これと作業チームとしての生産性との関係を明らかにするためのチームワーク評価システムである。ITD は，集団力学による心理的知見を生産現場のチーム行動に展開するものである。社会生産性は，人間の持つ社会性・人間性と経済社会からの要求に耐えうる生産性との融合となる。より良質な社会生産性を構築するには，その背景としての幅と奥行きを深める必要があり，人文・社会科学と自然科学による学際的知識としてのリベラルアーツ

の蓄積が求められる。

　チームとしての生産性は，集団過程の適否により大きく影響を受ける。各作業チームに与えられた職務（業務，作業）は，各作業チームが持っているチーム構成員の全ての能力，知識，技能，機械・設備などの資源により遂行される。この時，両者が無駄なく合理的整合性をもって遂行されることが要求される。このようなチームとしての職務遂行過程は集団過程であり，これをチームワーク評価因子の相互関係によりチームワーク内部構造を把握する定量的評価システムが ITD である。職務に対するチーム資源の適応能力の評価である。その後の海外調査でも積極的に活用している。国内での事例研究を通じて，その頑強性が確認されたので ITD から GITD（Global Industrial Teamwork Dynamics）へとスパイラルアップを行い，国内外を通じて GITD と命名している。リーダーシップを超えた新しいパラダイムであり，自らのチーム構成員であるリーダーのリーダーシップとメンバーのフォローアーシップの両者によるチームワークシップの確認となる。さらに，自らのチームに属するリーダーおよびメンバーの自己評価を通じて，その特徴や弱点をチーム生産性との関係を確認できる。各国の生産現場におけるチームワークの形式知としての確認

図序-4　集団力学に基づく ITD / GITD 解析モデル

は，母国と進出先国との生産上の機会損失を低減させ，両国の生産現場に対する相互理解をより可能とする（図序-4）。

チームワーク評価因子は，全国的な社会調査により，我が国の生産現場における作業チームから抽出している。ここで，チームワーク評価因子は，作業チームとしての生産性向上指向である作業力と凝集力に層別可能である。これらの因子群は，チームワーク評価因子を抽出するための仮説モデルである集団統合化要因から，実証的な仮説検証を通じて抽出している。三隅のリーダーシップ類型理論[4]は，集団過程に対する得点をリーダー個人に帰着させて評価するアプローチであるが，ITD／GITDはチーム構成員全員に自らのチームのチームワークを評価し，理解できるように拡大させた点が特徴と言える。さらに，個人作業が集団作業よりも，チームワークが劣ることをチームワークの緊密性（後述）として確認しており，アンケート項目の信憑性も確認されている。

個人作業であっても全ての作業者は，いずれかの公式組織としての作業チームに属しており，事業所全体の社会システム内で生ずる相互作用の中で作業を遂行するという共通基盤を持っている。併せて，各作業チーム内での相互作用は，作業形態や作業内容の影響を受けている。このように，事業所全体と自らの作業チームからの影響という二重の社会システムによる影響を受けるが，より直接的に影響するのが作業チーム内のものづくりに対するチームワークであることが確認されている（後述，第3章参照）。

6. 社会システムと生産マネジメント

チームワークに対するマネジメントの視点から，生産現場における社会システムの成長と生産マネジメントの推移の概略を，自身の研究経過を中心として紹介する。生産マネジメントの創成期は，1880年代から1930年代である科学的管理法の時代であり，生産マネジメントが生産システムのみで実施されており，そこには作業チームを一つの社会システムとして考える土壌はなく，作業研究，作業管理等による工場管理の時代といえる。生産システム自体も成り行

き管理から初歩的な生産システム生成の時代であり，カオスからシステムへの移行期である。生産マネジメントの充実期の 1930 年代以降は，産業民主主義を背景とする生産性と作業チームの接点を求める作業組織と生産技術の時代であり，人間関係論，半自律的作業チーム，社会－技術システムがヨーロッパを中心として展開される。一方，日本では QC サークル活動が大きく成長する時期でもある。生産マネジメントは，生産システムと社会システムから構成されているが，生産システムはシステムとして明確に構築されつつあるが，社会システムは試行錯誤の段階といえる。生産マネジメントは，全体として暗黙知の

図序-5　生産現場を支える社会システムと生産マネジメントの歴史的推移

カオスである。ヨーロッパを中心に，生産現場における作業チームを一つの社会システムとしてとらえ，これと生産技術との対応で生産性と人間性・社会性を満たす取り組みも行われているが，生産ライン構築の経済性との兼ね合いで，広く普及展開ができない。新生産マネジメントの創成期である 1990 年代以降は，生産システムと社会システムが形式知として生産マネジメントが構築されつつある時代である。ここでは，1990 年代の ITD から 2000 年代の GITD，さらに 2010 年代の社会生産性へとモデルを進化させている（図序-5）。

7. 作業チームにおける社会システムと生産システムの融合

現在，生産マネジメントは，超スマート社会（ソサエティー 5.0）に連なる第 4 次産業革命（インダストリー 4.0）と IoT（もののインターネット化）の時代と言われている。テイラーの科学的管理法以降の 100 年にわたる経験から，産業界ではトヨタ生産方式，SCM にいたる生産システムとそのマネジメントの歴史がある。生産技術と管理技術の大きな発展が，生産システムの幅と奥行きを広げ，産業界に大きく貢献しており，さらなる進化は続く。このように，生産性を追求する生産システムの進歩は目を見張るものがある。しかし，製造業においても，社会性や社会システムの抽象論は存在するものの，これを具体的に展開する実践的な研究活動が大幅に遅れている。作業チームにおいても同様であり，これを構成する人々の社会システムを形式知として把握することは，社会的能力を具体的に向上させることを可能とし，労働の質向上にも貢献する。生産現場には，ものづくりに対する知見が累積的に蓄積されており，日本の製造現場の強さは世界が認めるところである[35]～[38]。それを突き動かしているものは作業者個人の切磋琢磨であり，これに基づくチームワークといえる。作業チームを最も良く知り，その問題点や自らの弱点を理解しているのは，作業チーム構成員のメンバーであるチームリーダーやその管理下にあるチームメンバーである。このような意味から，チームワークマネジメントは，作業チーム自身によるボトムアップのマネジメントである。

生産現場の原点は生産性向上であり，固有技術の集大成としての生産技術と

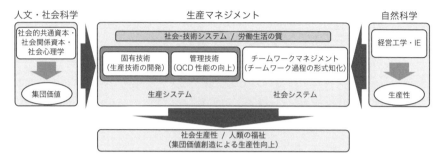

図序-6 新生産戦略(社会システムを含む生産マネジメント)

QCD(Quality・Cost・Delivery／品質・原価・納期)性能向上のための管理技術が大きく貢献している。しかしながら，生産要素である人やその集合体である集団やチームと生産性に関する直接的な研究は見られない。新パラダイムの生産マネジメントは，固有技術，管理技術に連なる第三の技術としてチームワークに関するマネジメントを構築する必要があり，社会システムと生産システムの両者補完による実践が肝要である。この三位一体アプローチは，社会科学と管理技術の融合による労働の社会的意味に重点をおく社会-技術システム論[2],[39]に基づくものであり，作業者に対する労働密度強化のみによる生産性を求めるのではなく，作業チームとしての社会的能力をより強調するものとして究極的にチームワークに帰着する。一方，ナレッジ・マネジメントは多くの成果を上げており，チームワークを形式知として評価するシステム構築も可能となっている。固有技術や管理技術は，ともにデジタル情報によるマネジメントが可能であり，生産現場でのグローバル展開を可能としている。チームワークにも同様の評価システム構築が急務である。作業チームを単なるものづくりの場とみるのではなく，そこには独自の社会システムが存在し，自らのマネジメントも行う自律的作業チームとして位置づけを行い，責任と権限を与えられた活動が必要である。このことは，フラットな組織階層を可能とし迅速なマネジメントに貢献する。自らの作業チームのマネジメントを支えるチーム構成員の社会能力と，作業チームとしての生産能力との両者融和を目指す生産マネジメントの構築となる(図序-6)。

図序-7 チーム類型の概念図

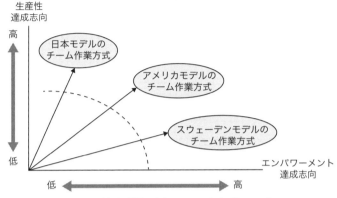

注：それぞれのチームが何を重視し志向しているかを示している。
　　中央の点線は現実にはこれらが入り交じった様々なチームが存在することを示す。
出典：森田雅也，「チーム作業方式の展開」，千倉書房（2008），93頁，
　　　「図3-2 チーム類型の概念図」．

　さらに，同様の知見を以下に紹介する．チーム作業に権限移譲と自主管理権を与えるエンパワーメント達成志向と生産性達成志向の二軸による社会−技術システム論の立場から，チーム類型の概念が提案されている．スウェーデンモデルは，自律性の確立を求める人間性回復を求めるものであり，生産性よりもエンパワーメントに重点を置いている．さらに，生産性達成を重視する日本モデル，その両者を追求するアメリカモデルに層別される[2]．ここで，着目しなければならない点は，社会生産性としての社会システムと生産システムの評価が含まれていることであり，本著の思いと一致することである（図序-7）．

　生産マネジメントの現地化では，常に現地の社会慣習との融合を求められる．ここに，国際化と現地化の両者によるグローカリゼーション（Glocalization / global-localization）の視点が求められる[40]．これには，現地事業所の稼働年数に代表される継続的な累積的効果が大きく影響を与える．ここでは，現地人マネージャーの登用や，ものづくりに対する日常の知恵やノウハウの累積による生産マネジメントが求められる[41]．産業社会学の立場からも，直接

的な現地生産を目指した第一世代から，各国の社会文化を織り込む第二世代の生産マネジメント構築の時代と言える。

8. 社会生産性とチームワークマネジメント

　労働における集団価値のより強い認識は，生産性向上とともに社会生産性を構築する。社会関係資本と社会心理学／集団力学，さらに経営工学／IE に基づく社会生産性をマネジメントするものがチームワークマネジメントである。作業チーム構成員が持つ強い集団意識は，チーム内の相互補完を中心とする社会能力を向上させ，結果として作業能力も向上させることとなり，労働生活の質を向上させる。究極的には人間性・社会性と生産性の融合であり，人類の福祉に貢献する。このパラダイムの評価尺度は，社会システムと生産システムの両者から構成される。社会システムは，作業チーム内のリーダーとメンバーによるチームワークシップをとらえるチームワーク認識により評価が行われる。さらに，生産システムは，固有技術や管理技術としての良否が実際の生産実績に反映するので，チーム生産性として評価が可能である。多くの事例研究では，標準時間に対する実績時間の到達度として設定している場合が多い。この社会システムと生産システムを二次元空間にとり，職場ごとに作業チームを 4 象限に層別し，第 I 象限（チームワーク認識／高，チーム生産性／高）とそれ以外の象限との差異を確認し，チームワーク認識の教育指導を通じてチーム生産性を向上させるチームワークマネジメントを展開している。高い社会生産性を持つ作業チームを職場のベンチマーキングとして設定し，他の作業チームをこれに接近させることとなる。具体的には，各チームワーク評価因子を構成している質問項目内容を確認することにより，具体的な指導が可能となる。チームワークマネジメントは，社会関係資本に基づく生産現場における人間の社会能力を作業チーム構成員の相互補完としてのチームワークとして確認し，チームの生産性を向上させることとなる[42]～[45]。チームワークの暗黙知から形式知への変換は，作業チームの社会システムを評価し，経営資源として生産マネジメントの対象として取り込むことを可能とする（図序-8）。

図序-8 社会生産性に基づく作業チームの評価

(1) 作業チームの評価

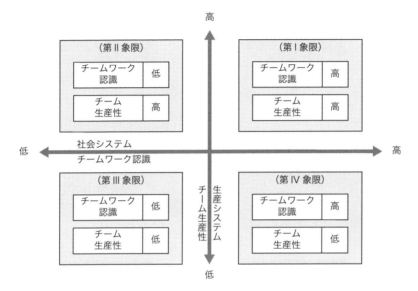

(2) チームワークマネジメントの展開

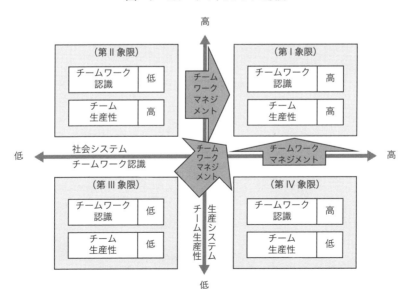

図序-9 チームワーク認識とチーム生産性（ベトナム，重電機生産ラインの事例，2014）

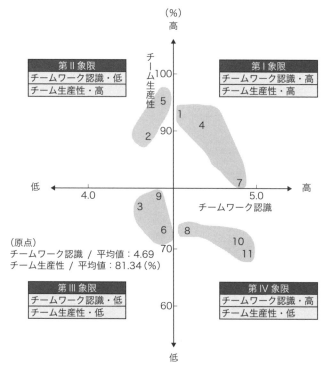

職場A（チーム／11，回答者／115）

図序-10 チームワーク認識とチーム生産性（日本，情報機器，生産ラインの事例，1996）

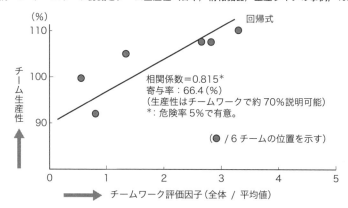

図序-11 チームワークマネジメントの世界展開

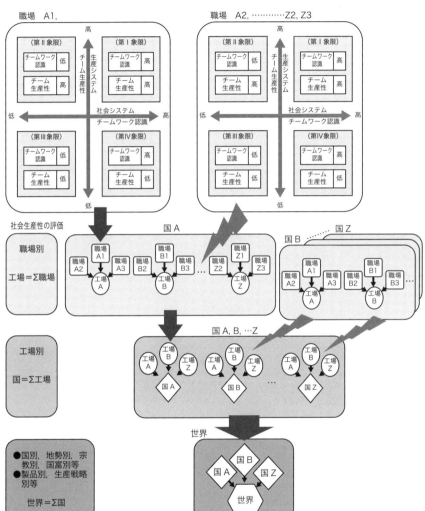

また，その具体例としてベトナムの事例を示す（図序-9，詳細後述，第10章）。

一方，国内事例では，社会システムと生産システム間の相関関係は強く，寄

与率も約 70（％）と高い職場を確認している。つまり，チーム生産性はチームワーク認識で概ね説明可能であり，チームワーク認識の低い因子を指導することでチーム生産性向上は可能であることを示している（図序-10）。

　社会生産性に関するアプローチは，一事業所に限らず世界展開が可能である。共通のチームワーク評価因子および質問項目と，世界共通のチーム生産性の評価尺度により，グローバル生産における国別の特徴を把握し，心理学的視点から労働生産性向上が可能である。さらに，生産現場以外の支援スタッフ部門，研究開発部門，経営意志決定部門などにも応用可能である（図序-11）。

　生産現場で優れた実績を残している良い現場は，チームワークのマネジメントも高いレベルにある[33]～[36]。

　ここで，GITD としてのグローバル生産に関する海外学術調査は，13ヵ国，26 事業所であり，回答者は約 13,000 人である。業種は，自動車，電機，社会全般関係であり，研究室学生の学部の卒業研究と大学院の修士論文や博士論文の事例研究の調査を通じて解析が行われている（表序-1）。

表序-1　グローバル生産への展開／研究調査事業所

調査年度	研究企業・調査事業所／業界（国／回答者数）
2000	A1／自動車 a（アメリカ／27），B1／社会 b（アメリカ／26）,
2001	B2／社会（アメリカ／18），C1／家電 c（メキシコ／200），C2／家電（イギリス／48）
2002	D1／自動車（イギリス／30），E1／自動車（インド／39），A2／自動車（タイ／56）
2003	F1／自動車（メキシコ／1,401）
2004	G1／工具 d（ドイツ／140），H1／電機 e（中国／1,004）
2005	I1／自動車（タイ／133），A3／自動車（インドネシア／97）
2006	G2／工具（ドイツ／127），H2／電機（フィリピン／1,090）
2007	なし
2008	J1／社会（中国／2,104），J2／社会（中国／1,550），J3／社会（中国／423）， J4／社会（中国／424）,
2009	H3／電機（マレーシア／615），K1／印刷 f（マレーシア／476）
2010	J5／社会（マレーシア／419）
2011	J6／社会（タイ／312），L1／自動車（タイ／30）
2012	J7／社会（ベトナム／435）
2013	M1／自動車（タイ／1,269）
2014	H4／電機（ベトナム／227）
2015	H5／電機（マレーシア／146）　　　　　　　　　　（回答者合計／12,866）

a：自動車産業，b：社会全般，c：家電関係，d：工具関係，e：重電関係，f：印刷機器，

序章　ものづくり生産現場のチームワーク　*19*

　グローバル生産におけるチームワークに関する問題点は，現地日本人駐在マ
ネージャーが，「現地人のチームワークは，日本人と同じであり，世界共通で，
不変であろう」という暗黙的な認識を持っていることである。これは，誤解で
ある。チームワークが暗黙知の時には顕在化しておらず，形式知として顕在化
した時に生じる生産マネジメントの新しい課題でもある。

　社会関係資本や社会心理学では，宗教，民族，社会習慣等を重要因子と考え
ている。ここに，一つの検証事例がある。多民族国家マレーシアでは，生産現
場も多岐にわたる民族で構成されている。イスラム教圏（マレーシア，インド
ネシア，バングラディシュ），ヒンドゥー教圏（インド，ネパール），そして仏
教圏（中国，ベトナム）の各民族が3事業所（A，B，C）で働いている。日本
国内で別途調査された解析結果を基準として，日本人とのチームワーク認識差
異を判別分析で確認している。正判別率は，全体として80（％）を超えてお
り，日本人とは大きく異なる。日本から派遣される現地マネージャーは，この

表序-2　グローバル生産におけるチームワークの認識差異　（マレーシア）

基準／日本（n=114）：2004年度調査，マレーシア：2008-2009年度調査

出身国 (民族)	主要布教 宗教	現地事業所 (回答者)	判別関数の 統計的有意性	正判別率（％）		
				事業所	平均	全体平均
マレーシア	イスラム教 (国教)	A（n=393） B（n=90） C（n=249）	＊＊ ＊ ＊＊	77.12 76.96 73.83	75.97	
インド	ヒンドゥー教	A（n=137） B（n=41） C（n=15）	＊＊ ＊ aa	76.10 78.06 83.72	79.29	
中国	仏教	A（n=32） B（n=157） C（n=12）	aa ＊ －	71.92 71.96 73.02	72.30	80.08
インドネシア	イスラム教	B（n=131） C（n=98）	＊＊ ＊＊	82.45 81.60	82.03	
ベトナム	仏教	B（n=29）	aa	77.62	77.62	
ネパール	ヒンドゥー教	B（n=28）	＊＊	89.44	89.44	
バングラディシュ	イスラム教	C（n=23）	a	83.94	83.94	

aa：p＜.20，a：p＜.10，＊：p＜.05，＊＊：p＜.01.

ことを理解していないために苦労が多く，結果として生産マネジメントにも大きく影響を与えている。この認識差異を事前に理解し，日常の生産マネジメントを実践することが肝要である（表序-2，詳細後述，第7章）。

また，集団過程であるチームワーク認識の内部構造の確認は，主成分分析により可能である。各民族の母国布教宗教に基づく解析では，いずれも第Ⅱ主成

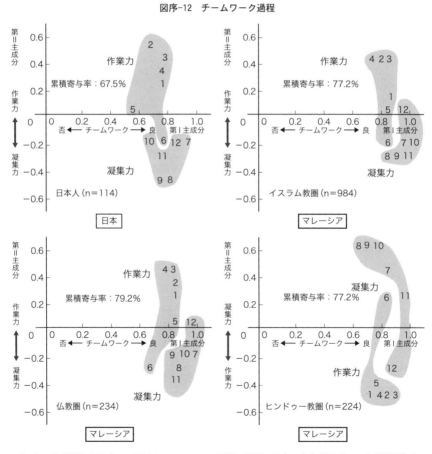

図序-12　チームワーク過程

（日本，計測器生産ライン，2004 / マレーシア，電機・印刷・社会の各生産ラインの宗教圏別集約，2008・2009）。

分までの累積寄与率は70（％）前後と良好であり，作業力と凝集力および各構成因子の相互関係として把握できる。イスラム教圏と仏教圏では凝集力と作業力の面積は日本よりも小さく，一体感が強く日本以上に宗教の影響を受けている。全体的特徴としては，作業力の「作業確認（因子6）」が凝集力に取り込まれている（図序-12）。

社会生産性のレベルは，チームワークマネジメントにより確認可能である。社会システムと生産システム，具体的にはチームワーク認識／チームワーク評価因子の評価とチーム生産性／作業チームとしての生産性の評価との両者により各職場が評価され，毎期，チームワーク評価因子を構成する各因子とその質問項目についてチェックを行い，チームとしてのチームワークの弱点を補完し，生産性向上を目指すこととなる（図序-13）。

また，この成果として工数やリードタイムの低減や，不良率や離職率の低下

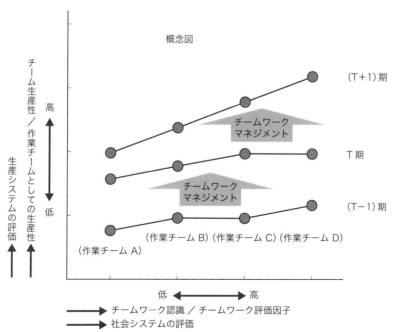

図序-13　社会システムと生産システムの評価（概念図）

図序-14　社会システムと生産システムの効果による成果（概念図）

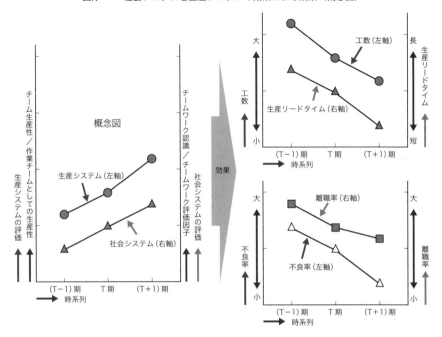

がGITDにより確認されている（図序-14）。

　社会生産性では，社会システムを含む生産マネジメントの構築が必要である。しかし，現状では多くの企業で作業チームの社会システムの確認が行われておらず，暗黙知の状態であり，形式知としての生産システムに比較すると大きく遅れている。また，チームワーク認識とチーム生産性の関係は，作業チームを取り囲む生産環境としての生産方式や作業形態，生産マネジメントさらに市場の変化により大きく影響を受けると考えられる。さらなるチームワークマネジメント構築のための研鑽が必要である（図序-15）。

図序-15 チームワークと生産マネジメント

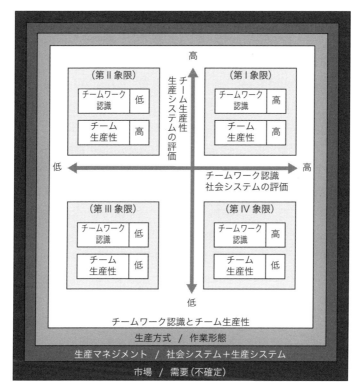

9. 解析手法

　本著の主要な解析手法について述べる。
(1) 基礎統計
① 等分散の検定（F検定）と平均値差の検定（t検定）
　主として，二者間のチームワーク認識を統計的に確認するために，チームワーク評価因子の12因子間について統計的有意差検定を行う。

24

(2) 多変量解析

① 主成分分析

　主として，チームワークの内部構造を理解するためにチームワーク評価因子間の相互関係を解析している。いずれも，第Ⅰ主成分はチームワークとして命名を行い，第Ⅱ主成分は，チームワークを構成する作業力と凝集力に解釈可能である。

　ここで，重要な点は情報量価値に着目していることである。チームワーク評価因子は 12 因子であるので，その全体としての価値は平均値を取ると 1 / 12，つまり 8（％）程度であるが，本著の第Ⅰ主成分の固有値は 50〜70（％）程度と情報の価値ははるかに大きく，これを使用したデータ解釈には意味づけが強く非常に有効であり，多くの統計的仮説検定が行われている。

（キー・ワード / チームワークの緊密性）

　主成分分析に基づくチームワーク評価因子間の相互関係の近接性を評価するものである。緊密性が強いことは各因子間の距離が短いことを意味するので，より強く全体としてチームワークを凝縮して認識していることを意味し，良好なチームワークといえる。この距離は，第Ⅰ主成分軸上での正方向の極値に位置する因子の因子負荷量値と負方向の極値に位置する因子の因子負荷量値間の差異であり，第Ⅱ主成分軸上でも同様である。この距離が短い場合は，各因子の近接性が強いことを意味し，チームワークは良好であると判断される。これは，主成分分析の特徴である類似性の高い因子同士は相互に接近し，類似性の低い因子は離れて布置されることを利用している。さらに，各作業チーム内の構成員である回答者の回答パターンは，チームワーク評価因子に対する評価値が類似し，バラツキも小さければより近接して布置されることになる。このことは，日常のチームワークはより共通的に認識していると解釈される。

　ここで，具体例として後述する第 3 章のチームサイズ S のリーダーのチームワークの緊密性を紹介する。チームワーク評価因子や作業力と凝集力の相互関係の確認も可能である（図序-16）。

　第Ⅰ主成分軸上の距離と第Ⅱ主成分軸上の距離をそれぞれ求め，さらにチームワーク全体としての面積を求め，これをチームワークの緊密性と規定してい

図序-16 チームワークの緊密性（第3章，図序-5より，チームサイズSのリーダー）

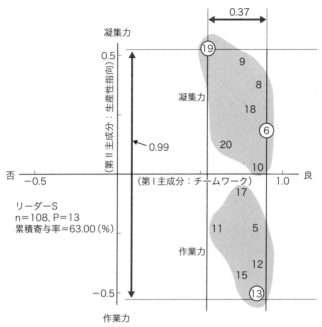

チームワークの緊密性＝0.37×0.99＝0.366

表序-3 チームワークの緊密性（後述，第3章，表10より，チームサイズSのリーダーを抽出）

構成員	緊密性 チーム サイズ	第Ⅱ主成分 までの累積 寄与率(%)	第Ⅰ主成分（横軸）：チームワーク（良⇔否）				距離 ③＝ ①−②
			正方向の極値		負方向の極値		
			因子 負荷量①	因子	因子 負荷量②	因子	
リーダー	S (n＝108)	63.00	0.84	6	0.47	19	0.37

構成員	緊密性 チーム サイズ	第Ⅱ主成分 までの累積 寄与率(%)	第Ⅱ主成分（縦軸）：生産性指向（作業力⇔凝集力）				距離 ⑥＝ ④−⑤	全体 面積 ⑦＝ ③×⑥
			正方向の極値		負方向の極値			
			因子 負荷量④	因子	因子 負荷量⑤	因子		
リーダー	S (n＝108)	63.00	0.52	19	−0.47	13	0.99	0.366

る（表序-3）。

② クラスター分析

チームワーク評価因子の 12 因子間の相互関係が，可視的に考察可能である。再現性の評価が一致係数（相関係数）で行われる。

③ 判別分析

両者間のチームワーク評価因子間の差異が，判別関数と判別係数における F 検定による統計的有意差で検討されることにより，チームワークマネジメントのための具体的な指針を得ることが可能である。ここで，正判別率が 50（%）は，比較両者間では差異はなく，100（%）の場合は，両者は全く異なることを意味する。

10. 社会生産性の把握

(1) 社会システムの評価／チームワーク評価因子と質問項目

本著における解析及び考察の中で紹介されている「チームワーク評価因子」は，当初の集団統合化要因（20 因子，102 質問項目）からチームワーク評価因子の抽出（13 因子，79 質問項目）を経て，国内調査 ITD（12 因子，79 質問項目），さらに海外調査 GITD の後半部（12 因子，60 質問項目）へと認識調査の項目数は変化しているが，その内容は普遍であり，調査ごとに解析結果の精査を通じてバージョンアップを行っている。

読者各位にもチームワークマネジメントを実践して頂き，新たな視点から労働生産性向上アプローチを展開して頂きたい。生産現場のものづくりに関係する人々により職場でのチームワークを下記要領で具体化して頂きたい。

●「自分たちの職場におけるチームワークとは何か」，

●「チームワークを構成する因子は何か」，

●「それを確認するための質問項目は何か」，

などについて充分に討論し，共有的場を生成して頂きたい。

本著で使用しているチームワーク評価因子およびそれらの質問項目内容は，四半世紀にわたる改編を行い，現在最新版を使用している。留意点は，自らの

表序-4 チームワーク評価因子 (P=12, p=60) (最新版)

生産性指向	チームワーク評価因子 (P)		質問項目 (p)
作業力 (P=6, p=30)	1	作業管理の状態	5
	2	直属の上司による作業指導	5
	3	リーダーによる作業指導	5
	4	リーダーによる気配り	5
	5	作業遂行の能力	5
	6	作業確認 (進度, 品質, 量)	5
凝集力 (P=6, p=30)	7	一体感	5
	8	雰囲気	5
	9	人間関係	5
	10	モラール (やる気)	5
	11	作業上の相互補完	5
	12	満足度	5

工場における独自のチームワークがあれば付加することは可能であり，それを取り込み独自の質問項目を設定することが重要である。

このことは，自らのチーム生産性との関係をより明確化し，その効果も大きい。生産現場を良く理解している作業チームのリーダーやマネージャーによってチーム生産性尺度を選定するとともに，これに影響を与える生産マネジメントの要因を反映させる質問項目を設定する必要がある。経験知や暗黙知に対する熱心な討論やグローバルな視点からの議論は，足が地についた社会システムを構築するための実証的な活動を可能とする。

最新版のチームワーク評価因子と各評価因子を示す (表序-4)。

さらに，各チームワーク評価因子を構成する質問項目を示す (図序-17)。

また，実際に国内で使用したアンケート調査用紙を紹介するので，興味のある読者は活用して頂きたい (図序-18)。

(2) 生産システムの評価 / 作業チームの生産性

主として生産管理部より提供される生産性指標を活用して頂きたい。基本的には標準時間に対する実績時間の比率，不良率，海外工場では離職率が提示さ

図序-17　チームワーク評価因子と質問項目

作業力：1〜6（p＝30）

1. 作業管理の状態（p＝5）
（1）あなたのチームでは，やるべき仕事の量や種類は明確ですか。
（2）あなたのチームでは，具体的な作業手順や作業方法が定められていますか。
（3）あなたのチームでは，仕事の分担が合理的に行われていますか。
（4）あなたのチームでは，メンバーがやるべき仕事は明確ですか。
（5）あなたのチームでは，メンバーが役割をこなして仕事に取組んでいますか。

2. 直属の上司による作業指導（p＝5）/
＊「あなたの直属の上司」→あなたの上司（リーダー：例えば，班長，係長など）のさらに上の上司
（6）あなたの直属の上司は，職場の目標をメンバーに教えていますか。
（7）あなたの直属の上司は，仕事の種類や内容をメンバーに計画的に教えていますか。
（8）あなたの直属の上司は，仕事や作業のやり方についてメンバーを指導していますか。
（9）あなたの直属の上司は，仕事のことでメンバーと打ち合せをしていますか。
（10）あなたの直属の上司は，メンバーに気軽に話しかけていますか。

3. リーダーによる作業指導（p＝5）/
＊＊「あなたのリーダー」→あなたの上司：例えば，班長，係長など
（11）あなたのリーダーは，職場の目標をメンバーに教えていますか。
（12）あなたのリーダーは，仕事の種類や内容をメンバーに計画的に教えていますか。
（13）あなたのリーダーは，仕事や作業のやり方をメンバーに指導していますか。
（14）あなたのリーダーは，仕事のことでメンバーと打ち合せをしていますか。
（15）あなたのリーダーは，メンバーに気軽に話しかけていますか。

4. リーダーによる気配り（p＝5）
（16）あなたのリーダーは，メンバーの気持ちを考えて仕事をしていますか。
（17）あなたのリーダーは，メンバーと仕事上のトラブルを生じないように工夫していますか。
（18）あなたのリーダーは，チームをまとめるようにいつも行動していますか。
（19）あなたのリーダーは，リーダーシップを上手に発揮していますか。
（20）あなたのリーダーは，メンバーの意見や提案などを聞いてくれますか。

5. 作業遂行の能力（p＝5）
（21）あなたのチームメンバーは，今の仕事に適していますか。
（22）あなたのチームメンバーは，今の仕事を一人前にこなしていますか。
（23）あなたのチームメンバーは，チームで行う仕事の作業順序や作業時間を把握していますか。
（24）あなたのチームメンバーは，自分の担当する仕事の作業順序や作業時間を把握していますか。
（25）あなたのチームメンバーは，他のメンバーの作業能力を把握して仕事を行っていますか。

6. 作業確認（進度，品質，量）（p＝5）
（26）あなたのチームでは，作業順序や作業時間を把握して仕事を行っていますか。
（27）あなたのチームでは，作業中の問題点を解決させるための意見が出ていますか。
（28）あなたのチームでは，作業に対する評価や分析などの意見が出ていますか。
（29）あなたのチームでは，作業に対するやり方や確認などの意見が出ていますか。
（30）あなたのチームでは，作業成果を向上させるためにメンバー相互に作業指導をしていますか。

序章　ものづくり生産現場のチームワーク　　29

図序-17 チームワーク評価因子と質問項目（続き）

凝集力：7〜12（p＝30）

7.　一体感（p＝5）
（31）あなたのチームメンバーは，お互いにあいさつを行っていますか。
（32）あなたのチームメンバーは，今のメンバーといつまでも一緒に働きたいと思っていますか。
（33）あなたのチームメンバーは，仕事中チームを組んでいるという意識がありますか。
（34）あなたのチームメンバーは，仕事に対してまとまっていますか。
（35）あなたのチームメンバーは，職場に対して一体感を持っていますか。

8.　雰囲気（p＝5）
（36）あなたのチームでは，仕事をしている時の雰囲気は協力的ですか。
（37）あなたのチームでは，仕事をしている時の雰囲気は楽しいですか。
（38）あなたのチームでは，仕事をしている時の雰囲気は暖かいですか。
（39）あなたのチームでは，仕事をしている時の雰囲気は友好的ですか。
（40）あなたのチームでは，仕事をしている時の雰囲気はまじめですか。

9.　人間関係（p＝5）
（41）あなたのチームメンバーは，会話がありますか。
（42）あなたのチームメンバーは，メンバー同志の人間関係は良いですか。
（43）あなたのチームメンバーは，リーダーや直属の上司との人間関係は良いですか。
（44）あなたのチームメンバーは，今のメンバーをお互いに気に入っていますか。
（45）あなたのチームメンバーは，みんなの気持ちはあっていますか。

10.　モラール（やる気）（p＝5）
（46）あなたのチームは，会社に貢献していますか。
（47）あなたのチームは，今の仕事をやりがいのある仕事だと思っていますか。
（48）あなたのチームは，チームの成果が高くなるように積極的に努力していますか。
（49）あなたのチームは，さらに高度な知識や技能を身につけたいと思っていますか。
（50）あなたのチームは，向上心が高いですか。

11.　作業上の相互補完（p＝5）
（51）あなたのチームでは，メンバーが相互に相談し合うことでチームの生産性は向上していますか。
（52）あなたのチームでは，メンバー相互にうまくまとまるように協力していますか。
（53）あなたのチームでは，メンバー相互に作業の進みぐあいを見ながら仕事を行っていますか。
（54）あなたのチームでは，作業が遅れて困っている時にはメンバー相互に助け合っていますか。
（55）あなたのチームでは，自発的に他のメンバーの作業を手助けすることが見受けられますか。

12.　満足度（p＝5）
（56）あなたのチームメンバーは，今の仕事に満足していますか。
（57）あなたのチームメンバーは，自分たちの仕事の結果に満足していますか。
（58）あなたのチームメンバーは，チームが行った仕事の結果に満足していますか。
（59）あなたのチームメンバーは，今のチームのメンバーになって良かったと満足していますか。
（60）あなたのチームメンバーは，今のリーダーや直属の上司のもとで働ことに満足していますか。

図序-18 アンケート用紙 (例示)

チームワークに関するアンケート調査 (例示)

2015. 04. 25. version 4, GITD Institute

整理番号：
調査日：2015 年　月　日

本調査結果は、私どもの研究のみに使用いたします。個人名を記入することもありませんし、社内での個人や集団としての勤務評定等にも一切使用いたしません。

いつも行っている作業や業務についておたずねしますので、気楽に正直にお答下さい。まわりの人と相談しないで、一人でご記入下さい。まず、下段の欄にご記入下さい。

記入もれがないようにお願いいたします。回収後のデータ整理では、所属部門別や性別等に層別し、解析を行いますので宜しくお願い申し上げます。

なお、記入所要時間は約15分となります。該当項目を○で囲んで下さい。また、数字をご記入ください。

使用時は、下枠内の所属部門等は各社で作成してください。

区分け：正社員、準社員、その他	職制	ライン：職長、班長、一般 ／ スタッフ：係長、主任、一般	勤続年数：	年／年令：　才／性別：男、女

所属部門	ライン	防振システム事業部／製造部（①第1製造課（1第1製造課：第1係、第2係、③第3製造課：第1係）、②第2製造課：第1係、第2係、チューバインシステム事業部／第1製造業部：第1係、第2係、第3係、②第2製造課：第1係、第2係、③第3製造部（1第1製造課：第1係、第2係、第3係、第2製造部（①製造課：第1係、御津製造部（①製造課：第1係、第2係）
	スタッフ	①防振システム事業部：事業企画室、②チューバインシステム事業部：事業企画室、生産技術室、③御津製造部：技術員室、管理室、④生産管理部：総括室、第1管理室、第2管理室、試作管理室、施設環境室、⑤品質保証部：第1品質室、第2品質室、第3品質室、⑥試作部：管理室、製造室

あなたが普段仕事をしている時、あなたのチームで実際に感じていることや良く見受けられる場面を思いだしてお答え下さい。[例] を参照の上、質問項目ごとにあなたの気持ちを数字を○で囲んでください。それでは始めてください。

質問項目の文章は、回答者が一番多いと思われる職制上の [一般] 用となっております。[一般] 以外の方は、適宜ご判断の上でご記入下さい。

[例示]　早起きは、健康に良いと思いますか。　良いと思わない　　　　　　　良いと思う

　　　　　　　1　　2　　3　　④　　5　　良いと思う

どちらでもない

[どちらかというと良いと思う] という個人の判断の上となります。

* [あなたの直属の上司] →あなたの直属の上司（リーダー：例えば、班長、係長などどり）のさらに上の上司

** [あなたのリーダー] →あなたのリーダー：例えば、班長、係長など

(1)	あなたのチームでは、やるべき仕事の量や種類は明確ですか。	いつも明確ではない	1	2	3	4	5	いつも明確である
(2)	あなたのチームでは、具体的な作業手順や作業方法が定められていますか。	いつも定められていない	1	2	3	4	5	いつも定められている
(3)	あなたのチームでは、仕事の分担が合理的に行われていますか。	いつも行われていない	1	2	3	4	5	いつも行われている
(4)	あなたのチームでは、メンバーがやるべき仕事は明確ですか。	いつも明確ではない	1	2	3	4	5	いつも明確である
(5)	あなたのチームでは、メンバーが役割をこなして仕事に取組んでいますか。	いつも取組んでいない	1	2	3	4	5	いつも取組んでいる
(6)	あなたの直属の上司は、職場の目標をメンバーに教えていますか。	いつも教えていない	1	2	3	4	5	いつも教えている
(7)	あなたの直属の上司は、仕事の種類や内容をメンバーに計画的に教えていますか。	いつも教えていない	1	2	3	4	5	いつも教えている
(8)	あなたの直属の上司は、仕事のやり方についてメンバーを指導していますか。	いつも指導していない	1	2	3	4	5	いつも指導している
(9)	あなたの直属の上司は、仕事のことでメンバーと打ち合わせをしていますか。	いつもしていない	1	2	3	4	5	いつもしている
(10)	あなたの直属の上司は、メンバーに気軽に話しかけていますか。	いつも話しかけていない	1	2	3	4	5	いつも話しかけている
(11)	あなたのリーダーは、職場の目標をメンバーに教えていますか。	いつも教えていない	1	2	3	4	5	いつも教えている
(12)	あなたのリーダーは、仕事の種類や内容をメンバーに計画的に教えていますか。	いつも教えていない	1	2	3	4	5	いつも教えている
(13)	あなたのリーダーは、仕事のやり方をメンバーに指導していますか。	いつも指導していない	1	2	3	4	5	いつも指導している
(14)	あなたのリーダーは、仕事のことでメンバーと打ち合わせをしていますか。	いつもしていない	1	2	3	4	5	いつもしている
(15)	あなたのリーダーは、メンバーに気軽に話しかけていますか。	いつも話しかけていない	1	2	3	4	5	いつも話しかけている
(16)	あなたのリーダーは、メンバーの気持ちを考えて仕事をしていますか。	いつも考えていない	1	2	3	4	5	いつも考えている
(17)	あなたのリーダーは、メンバーと仕事上のトラブルを生じないように工夫していますか。	いつも工夫していない	1	2	3	4	5	いつも工夫している
(18)	あなたのリーダーは、チームをまとめるようにいつも行動していますか。	いつも行動していない	1	2	3	4	5	いつも行動している
(19)	あなたのリーダーは、リーダーシップを上手に発揮していますか。	いつも発揮していない	1	2	3	4	5	いつも発揮している
(20)	あなたのリーダーは、メンバーの意見や提案などを聞いてくれますか。	いつも聞いてくれない	1	2	3	4	5	いつも聞いてくれる

どちらでもない

図序-18 アンケート用紙（例示）（続き）

(21) あなたのチームメンバーは、今の仕事に適していますか。 いつも適していない (21) 1 2 3 4 5 いつも適している

(22) あなたの仕事を一人前にこなしていますか。 いつもこなしていない (22) 1 2 3 4 5 いつもこなしている

(23) あなたのチームは、チームで行う仕事の作業順序や作業時間を把握していますか。 いつも把握していない (23) 1 2 3 4 5 いつも把握している

(24) あなたのチームメンバーは、自分の担当する仕事の作業順序や作業時間を把握していますか。 いつも把握していない (24) 1 2 3 4 5 いつも把握している

(25) あなたのチームメンバーは、他のメンバーの作業能力を把握して仕事を行っていますか。 いつも行っていない (25) 1 2 3 4 5 いつも行っている

(26) あなたのチームでは、作業順序や作業時間を把握して仕事を行っていますか。 いつも行っていない (26) 1 2 3 4 5 いつも行っている

(27) あなたのチームでは、作業中の問題点を解決させるための意見が出ていますか。 いつも出ていない (27) 1 2 3 4 5 いつも出ている

(28) あなたのチームでは、作業に対する評価や分析などの意見が出ていますか。 いつも出ていない (28) 1 2 3 4 5 いつも出ている

(29) あなたのチームでは、作業に対するやり方や確認などの意見が出ていますか。 いつも出ていない (29) 1 2 3 4 5 いつも出ている

(30) あなたのチームでは、作業成果を向上させるためにメンバー相互に作業指算をしていますか。 いつもしていない (30) 1 2 3 4 5 いつもしている

(31) あなたのチームでは、お互いにあいさつを行っていますか。 いつも行われていない (31) 1 2 3 4 5 いつも行われている

(32) あなたのチームメンバーは、今のメンバーといつまでも一緒に働きたいと思っていますか。 いつも思っていない (32) 1 2 3 4 5 いつも思っている

(33) あなたのチームメンバーは、仕事中チームを組んでいるという意識がありますか。 いつも意識はない (33) 1 2 3 4 5 いつも意識はある

(34) あなたのチームメンバーは、仕事に対してまとまっていますか。 いつもまとまっていない (34) 1 2 3 4 5 いつもまとまっている

(35) あなたのチームメンバーは、職場に対して一体感を持っていますか。 いつも持っていない (35) 1 2 3 4 5 いつも持っている

(36) あなたのチームでは、仕事をしている時の雰囲気は協力的ですか。 いつも協力的ではない (36) 1 2 3 4 5 いつも協力的である

(37) あなたのチームでは、仕事をしている時の雰囲気は楽しいですか。 いつも楽しくない (37) 1 2 3 4 5 いつも楽しい

(38) あなたのチームでは、仕事をしている時の雰囲気は暖かいですか。 いつも暖かくない (38) 1 2 3 4 5 いつも暖かい

(39) あなたのチームでは、仕事をしている時の雰囲気は友好的ですか。 いつも友好的でない (39) 1 2 3 4 5 いつも友好的である

(40) あなたのチームでは、仕事をしている時の雰囲気はまじめですか。 いつもまじめでない (40) 1 2 3 4 5 いつもまじめである

(41) あなたのチームメンバーは、会話がありますか。 いつも会話はない (41) 1 2 3 4 5 いつも会話はある

(42) あなたのチームメンバー同志の人間関係は良いですか。 いつも良くない (42) 1 2 3 4 5 いつも良い

(43) あなたのチームは、リーダーや直属の上司との人間関係は良いですか。 いつも良くない (43) 1 2 3 4 5 いつも良い

(44) あなたのチームは、今のメンバーをお互いに気に入っていますか。 いつも気に入っていない (44) 1 2 3 4 5 いつも気に入っている

(45) あなたのチームメンバーは、みんなの気持ちはあっていますか。 いつもあっていない (45) 1 2 3 4 5 いつもあっている

(46) あなたのチームは、会社に貢献していますか。 いつも貢献していない (46) 1 2 3 4 5 いつも貢献している
(47) あなたのチームは、今の仕事をやりがいのある仕事だと思っていますか。 いつも思っていない (47) 1 2 3 4 5 いつも思っている
(48) あなたのチームは、チームの成果が高くなるように積極的に努力していますか。 いつも努力していない (48) 1 2 3 4 5 いつも努力している
(49) あなたのチームは、さらに高度な知識や技能を身につけたいと思っていますか。 いつも思っていない (49) 1 2 3 4 5 いつも思っている
(50) あなたのチームは、向上心が高いですか。 いつも向上心は高くない (50) 1 2 3 4 5 いつも向上心は高い

(51) あなたのチームでは、メンバーが相互に相談し合うことでチームの生産性は向上していますか。 いつも向上しない (51) 1 2 3 4 5 いつも向上している
(52) あなたのチームでは、メンバー相互にうまくまとまるように協力していますか。 いつも協力していない (52) 1 2 3 4 5 いつも協力している
(53) あなたのチームでは、メンバー相互に作業の進みぐあいを見ながら仕事を行っていますか。 いつも行っていない (53) 1 2 3 4 5 いつも行っている
(54) あなたのチームでは、作業が遅れて困っている時にメンバー相互に助け合っていますか。 いつも助け合っていない (54) 1 2 3 4 5 いつも助け合っている
(55) あなたのチームでは、自発的に他のメンバーの作業を手助けすることが見受けられますか。 いつも見受けられない (55) 1 2 3 4 5 いつも見受けられる

(56) あなたのチームメンバーは、今の仕事に満足していますか。 いつも満足していない (56) 1 2 3 4 5 いつも満足している
(57) あなたのチームメンバーは、自分たちの仕事の結果に満足していますか。 いつも満足していない (57) 1 2 3 4 5 いつも満足している
(58) あなたのチームメンバーは、チームが行った仕事の結果に満足していますか。 いつも満足していない (58) 1 2 3 4 5 いつも満足している
(59) あなたのチームメンバーは、今のチームのメンバーになって良かったと満足していますか。 いつも満足していない (59) 1 2 3 4 5 いつも満足している
(60) あなたのチームメンバーは、今のリーダーや直属の上司のもとで働くことに満足していますか。 いつも満足していない (60) 1 2 3 4 5 いつも満足している

どちらでもない

＊ご質問は以上で終了いたしました。アンケートにご協力頂きまして誠に有難うございました。
ご記入が終了しましたら、今一度全ての回答にご記入されているかご確認下さい。特に問題がなければご提出下さい。

34

れる場合が多い。また，職場においてふさわしい評価指標があれば，積極的に採用されることをお勧めします。

参考文献

［1］ フレデリック W. テイラー著，有賀裕子訳『新訳　科学的管理法，マネジメントの原点』ダイヤモンド社（2010）。

［2］ 森田雅也『チーム作業方式の展開』千倉書房（2008）。

［3］ 野渡正博『グローバル インダストリアル チームワーク ダイナミックス』ナカニシヤ出版（2012）。

［4］ 三隅二不二編『リーダーシップの行動科学』朝倉書店（1994）。

［5］ Goodman, P. S., *Designing effective work groups*, San Francisco, Jossey-Bass（1986）.

［6］ Aubrey, C. A. II. & Felkins, P. K., *Team work: Involving people in quality and productivity improvement*, Milwaukee, WI, American Society for Quality Control（ASQC）（1988）.

［7］ West, M. A., Tjosvold, D. and Smith, K. G., *The Essentials of Teamworking, International Perspectives*, John Wiley & Sons（2005）.

［8］ McGrath, J. E., *Groups: Interaction and performance*, Englewood Cliffs, NJ, Prentice-Hall（1984）.

［9］ Katerberg, P. & Horn, P. W., "Effects of within-group and between-group variation in Leadership", *Journal of Applied Psychology*, Vol. 66, pp. 218-223（1981）.

［10］ Landy, F. J. & Trumbo, D. A., *Psychology of work behavior*（3rd ed.）, Homewood, IL, Dorsey Press（1985）.

［11］ Shaw, M. E., *Group Dynamics: The psychology of small group behavior*（3rd ed.）, New York, McGraw-Hill（1981）.

［12］ Szilagyi, A. D. J., *Management and performance*（2nd ed.）, Glenview, IL, Scott Foresman（1984）.

［13］ 佐々木薫・永田良昭編『集団行動の心理学』有斐閣（1987）。

［14］ ボワイエ・R・デュラン著，荒井壽夫訳『アフター・フォーディズム』ミネルヴァ書房（1996）。

［15］ 杉村芳美『脱近代の労働観，人間にとって労働とは何か』ミネルヴァ書房（1993）。

［16］ 石田光男『仕事の社会科学，労働研究のフロンティア』ミネルヴァ書房（2004）。

［17］ 田中堅一郎『従業員が自発的に働く職場をめざすために，組織市民行動と文脈的業績に関する心理学研究』ナカニシヤ出版（2004）。

［18］ 山口裕幸『コンピテンシーとチームマネジメントの心理学』朝倉書店（2011）。

［19］ 黒田兼一・守屋貴司・今村寛治編著『人間らしい「働き方」・「働かせ方」』ミネルヴァ書房（2011）。

［20］ 鈴木竜太『関わりあう職場のマネジメント』有斐閣（2013）。

［21］ アダム・スミス，村井章子・北川和子訳『道徳感情論』日経 BP 社（2016）。

［22］ 宇沢弘文『宇沢弘文の経済学，社会的共通資本の論理』日本経済新聞出版社（2015）。

［23］ 宇沢弘文『社会的共通資本』岩波書店（2015）。

［24］ 神野直彦『人間回復の経済学』岩波書店（2010）。

［25］ 神野直彦『「分かち合い」の経済学』岩波書店（2015）。

［26］ 三隅一人『社会関係資本』ミネルヴァ書房（2013）。

［27］ 稲葉陽二『ソーシャル・キャピタル入門』中公新書（2014）。

［28］ 西川潤・マルク・アンベール編『共生主義宣言―経済成長なき時代をどう生きるか』コモンズ

　　　　　　　　　　　　　　　　　序章　ものづくり生産現場のチームワーク　*35*

　　　　（2017）。
[29]　広田君美『集団の心理学』誠信書房（1965）。
[30]　Steiner, I. D., *Group Process and Productivity*, Academic Press, New York（1972）.
[31]　Hare, A. P., *Handbook of Small Group Research*, 2nd, Free Press, New York（1976）.
[32]　Shaw, M. E., *Group Dynamics*, McGraw-Hill, New York（1976）.
[33]　Davis, J. H. 著，広田君美監修，永田良昭訳『集団行動の心理学』誠信書房（1982）。
[34]　West, M. A. ed., *Handbook of Work Group Psychology*, John Wiley & Sons（1996）.
[35]　藤本隆宏『ものづくりからの復活』日本経済新聞出版社（2012）。
[36]　藤本隆宏『現場主義の競争戦略』新潮社（2013）。
[37]　藤本隆宏・新宅純二郎『新訂　グローバル化と日本のものづくり』放送大学教育振興会
　　　　（2015）。
[38]　中沢孝夫・藤本隆宏・新宅純二郎『ものづくりの反撃』筑摩書房（2016）。
[39]　Cascio, W. F., *Managing human resources, productivity, quality of work life, profits*（2nd ed.），
　　　　New York, McGraw-Hill（1989）.
[40]　ホフステード・ヘールト著，岩井紀子・岩井八郎訳『多文化世界』有斐閣（2007）。
[41]　小原久美子『経営学における組織文化論の位置づけとその理論的展開』白桃書房（2014）。
[42]　吉田道雄『人間理解のグループ・ダイナミックス』ナカニシヤ出版（2001）。
[43]　大橋昭一・竹林浩志編著『現代のチーム制―理論と役割―』同文舘出版（2003）。
[44]　小林信一『改訂版　社会技術概論』放送大学教育振興会（2012）。
[45]　小野善生『フォロワーが語るリーダーシップ―認められるリーダーの研究』有斐閣（2016）。

第 1 部

産業界での実証研究の前に

38　第1部　産業界での実証研究の前に

　産業社会におけるチームワークを明確化したいとの思いから研究を開始したのは，1970年代の後半である。まず実験心理学により，チーム内の相互作用を確認する必要があり，これが個人の持つ作業能力よりもチーム生産性により大きい影響を与える場合があることを検証している。さらに，全国的な社会調査により，生産現場における作業チームのリーダーのチームワークに対する認識調査を行い，後続するチームワーク評価因子の抽出やITDやGITDの展開に結びつける。

第1章

実験心理学

1. はじめに

　二人一組で同時並行的に一体となって共通の同一対象物に対して協力して行う作業（以下「チーム作業」という）について考察する。このチーム作業の成果であるチームとしての作業時間に対する個人能力とチーム内の相互作用が与える影響を考察する。ここで，個人能力は，個人作業における作業時間であり，相互作用はチーム内で生ずる会話内容と頻度，そしてアンケート調査による心理的な満足度による評価である。実験においては，操作変数として各人の役割構造の違いとして，分割作業と協同作業の二群を設定している。

　チーム作業は，生産現場では組作業あるいは連合作業ともいわれ，良く見受けられる作業形態である。チーム作業は，チームワークが強く求められるため，能率だけではなく，チーム構成員相互の対人関係や相互作用の心理学の視点が重要である。さらに，複数の作業者で行われる流れ作業が存在するが，各工程が基本的に独立しているため，各作業者の心理的な相互依存はチーム作業ほど強くなく，個人作業の色合いが強い。流れ作業に対する研究成果と比較すると，チーム作業の成果は少ない。

　次の理由から，チーム作業は実際の製造現場で多く見られる。
① 作業能率面からの要求，② 納期面からの要求，③ 品質面からの要求，

　本章では，心理的な緊張感をより強く受けると思われる ② については取り上げず，主として ① と ③ について実験を行う。

　集団力学では，集団生産性に対する研究の困難性を指摘している。これは，集団生産性に対する独立変数に関する研究不足や，その影響度合いの不明確さ

に起因している。しかしながら，産業心理学を中心として集団生産性に影響を与える基本的要因が次のように検討されている[1]。

① チームサイズ，② 集団目標の明確化，③ 構成員の役割構造の明確化，④ 集団内の対人関係および相互依存性，⑤ 集団規範および凝集性，⑥ リーダーシップ

実験では，① と ② を一定とし ③ の役割構造を操作変数として ④，⑤ の差異を考察している。

Steiner Model（序章，図序-3 参照）に従い，Process / 手順（過程）は，役割構造の違いを考察するために分割作業と協同作業を規定し，ここで生ずる相互作用を作業中の会話と満足度としてとらえている。会話は Bales' Categories for Interaction Process Analysis やこれを再編成した Borgatta's Interaction Process Scores[2] により解析を行っている。これらの相互作用が Group Productivity / チームとしての生産性に影響を与える。従来研究では Task Demand, Resourcd, Process の各要因が Group Productivity に与える影響が，すべて場合で明確でないという指摘もある[序章, [30]]。

2. 実験概要

2.1 実験準備

(1) **チームサイズ** / チーム構成員相互の関係やチーム作業の持つ特徴を明確に確認するために，最も単純な二人とする。

(2) **被験者** / 被験者は年齢 18〜22 歳の正常な機能を有する女子学生 24 名である。

(3) **実験材料** / 次の点に留意し，ジグソーパズルとする。

① 被験者が体験ずみであり，違和感がないこと，

② 被験者の特異な才能を必要としないこと，

③ 作業成果の品質は，特に考察する必要はなく，作業終了時の品質は常に一定であること，

④ 一人でも二人でも作業可能であること，

⑤　心理学実験では，ジグソーパズルやクロスワードパズルがよく見受けられること[2]~[5]，

　(4)　実験内容 / 一人でジグソーパズルを組み立てる作業時間を測定するための個人能力実験と，二人一組のチームとしての作業時間を測定するためのチーム実験の二段階を被験者に課す。チーム実験では，役割構造を確認するために，分割作業と協同作業に層別している。

①　個人能力実験：全被験者に対して同一のパズルを使用する（48 ピース，10 cm×16 cm），

②　チーム実験：全チームに対して同一のパズルを使用する（182 ピース，24 cm×26 cm），

　(5)　教示 / 両実験ともにすべての被験者に対して実験の主旨，作業方法，諸注意を同一の文章を読み説明している。作業ペースは「決してあせらず，自分のペースで行うようにし，…」と指示し，会話も自由に行わせるなど緊張感を生じさせない雰囲気のもとでの作業である。両実験ともに完成絵図がそばに置かれているため，被験者は作業確認のため常時確認が可能である。

2.2　評価項目

　(1)　Task Demand / 被験者が二人でチームを構成し，チーム実験を行う。操作変数は，分割作業と協同作業である。

①　分割作業 / 個人作業に近い作業方法である。チーム実験における 182 ピースのパズル左半面を一人，右半面を別の一人というように，あらかじめ図柄に基づいて 91 ピースずつ二山に分割しておき，相互に手伝わせないことを条件として，それぞれの被験者に組立てさせる。ここで，それぞれの山は乱雑にまぜあわせてある。

②　協同作業 / チームとしてのより強い結束を必要とする作業方法であり，182 ピースのパズルを一山にしておき，二人の被験者が一緒に協力して組立させる。やはり，山は乱雑にまぜあわせてある。

ここで，個人能力実験およびチーム実験は，ともに各実験内での被験者の実

験順序は無作為であり，習熟現象を避けるために各実験ともに一人1回の計2回である。また，チーム実験における各被験者の割り振りを次のように規定している。被験者全員の個人能力実験終了後，すでに友人関係にある被験者相互に二人一組のチームを作らせ，これを12組設定する。次に12組のチームを分割作業と協同作業とにそれぞれ6組（12人）に層別を行う。ここで，各被験者の両実験グループへの割り振りは，両者間では個人能力の平均値と分散の比較において統計的有意差を生じないように行っている（後述，表1-3）。これは，Resourceとなる個人能力には差がなく，役割構造の違いがProcessおよびGroup Productivityに対する影響を確認するためである。

(2) **Resource** / 被験者が一人で個人能力実験の組立作業を行う経過時間で評価する。これを各個人の個人能力とする。

(3) **Process** / チーム作業の場合，作業者同士の相互作用を解析する。相互作用は，作業を遂行する上で必要とされる会話と相互作用に対する満足度である。

① 会話 / チーム実験中に発生した会話を個人別にすべて録音し，考察する（表1-1）。

② 満足度 / チーム実験中に各被験者が感じた心理的状態を把握するために，作業終了直後に個人別にアンケート調査（20設問，5段階評価）を行い満足度の評価得点を求める。ここで，アンケート項目の得点が高いことは，作業に対して好意的であり，満足度が高いことを示す（表1-2）。

(4) **Group Productivity** / チーム作業の作業成果であり，組立に要した経過時間である。役割構造の違いにより評価方法が異なる。

① 分割作業 / 各被験者の作業量は分割均等化されているため，各被験者が要したおのおのの経過時間の総和である。

② 協同作業 / チーム作業であるため両被験者の経過時間は一致し，その終了時間である。

第1章　実験心理学　　*43*

表 1-1　会話

分類 (1)			項目数	内容	グループ
作業に関係する会話		直接的会話	3	① 組立部品に関する会話 ② 組立部品の受渡しに関する会話 ③ 作業手順に関する会話	A
	間接的会話	作業的会話	2	①進行状況に関する会話 ②作業状態に関する会話	B
		心理的会話	4	①掛け声 ②呼びかけ ③感情表現 ④冗談	C
	独り言	作業的独り言	5	①組立部品に関する独り言 ②組立部品の出し入れに関する独り言 ③作業手順に関する独り言 ④進行状況に関する独り言 ⑤作業状態に関する独り言	D
		心理的独り言	3	①掛け声 ②感情表現 ③冗談	E
作業に関係しない会話		雑談	1	①雑談	F

(1)　作業中の全ての会話を録音後，その音声を文章化し，グループ別に層別し，その頻度を計測。

表 1-2　満足度 / チームワークの評価

分類 (1)	項目数	内容	グループ
作業能力	4	作業遂行時の作業能力に対する評価	G
雰囲気	4	作業遂行時のチーム内の雰囲気に対する評価	H
対人関係	4	作業遂行時の対人関係能力に対する評価	I
役割分担	5	チーム構成員としての作業遂行能力に対する評価	J
凝集性	3	作業遂行時のチームとしてのまとまりに対する評価	K

(1)　被験者が，作業中のチームワークに対して感じた認識をアンケート調査。

3. 解析および考察

3.1 平均値と標準偏差

(1) Resource / 個人能力

人の作業時間は，一般に個人作業はアーラン分布であり，チーム作業は和の分布であることが知られている。しかし，チーム作業の作業時間分布の検定に関する研究は少ない[6]。

従って，本章では作業時間分布をアーラン分布の一つである正規分布と仮定し，それらの平均値と標準偏差に基づき考察する。個人能力実験における作業時間を示す。前述したように，チーム実験の作業方法間で有意差を生じないように各被験者の割り振りが行われている。分割作業がいずれも大きいが，特に問題はない（表1-3）。

(2) Process / 相互作用

① 会話

会話の総回数は，協同作業が分割作業よりも約1.5倍多く，その増加分の約80（%）がA（直接的会話）である。本来のチーム作業としては当然のことであり，相互作用としての会話の重要性を確認できる。また，統計的有意性では，A（直接的会話）において両者間での平均値と標準偏差は高度に有意である。作業に対する直接的会話回数は明らかに異なる。さらに，両者の構成比率を考察すると，A（直接的会話）で約10倍以上の差がある。また，分割作業で約76（%）を占めている独り言が，直接的会話を必要とする協同作業においては約45（%）に低減している。つまり，分割作業は自問自答型であり，

表1-3 個人能力

作業方法 分布（分）	分割 (n=12)	協同 (n=12)	統計的有意差
平均値	10.99	10.18	無 （t0=0.486）
標準偏差	5.58	3.16	無 （F0=0.192）

t(11, 0.05)=2.201, F(1, 22 ; 0.05)=4.30.

表1-4 会話の構成比率

(%)

会話の分類		作業方法		分割 (n=12)	協同 (n=12)
作業に関係する会話	直接的会話		A	2.3	29.0
	間接的会話	作業的会話	B	8.4	11.0
		心理的会話	C	5.8	4.0
	独り言	作業的独り言	D	64.1	39.4
		心理的独り言	E	12.0	5.3
作業に関係しない会話	雑談		F	7.4	11.3

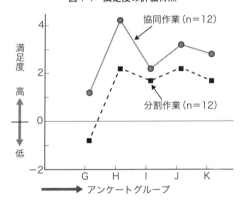

図1-1 満足度の評価得点

協同作業では対面会話型である(表1-4)。

② 満足度

Ⅰ(対人関係)は,両者ともに友人同士でチームを組ませたため差は見られない。しかし,他のグループでは,協同作業の満足度がより高い。本来のチーム作業である協同作業は,会話を中心として被験者相互に作業に対する相互補完が高まるため,個人作業に近い分割作業よりも雰囲気や凝集性をより強く認識している。G(作業能力)に対する満足度で統計的有意性を確認でき,満足度は明らかに異なる(図1-1)。

46　第1部　産業界での実証研究の前に

(3) Group Productivity / チーム作業による作業時間

　チーム実験における統計的有意性は，平均値の比較で認められる。従って，分割作業は協同作業よりも作業時間は短い。これは二人一組のチームとしては同じ作業量であるが，分割作業の場合は各被験者の作業量が明確に分割されており，探すべき部品の数も半分であり，「探す→入れる（組立てる）」という試行錯誤的な作業が減少しているためである（表1-5）。

　さらに，各要因とチーム作業による作業時間との相関係数を考察する。特徴としては，分割作業において個人能力が高度に有意であり，また会話E（心理的独り言）が有意である。これは，同一チーム内の相方と本来のチーム作業を生成していないために，疎外感に基づく発生である。さらに，満足度G（作業能力に対する満足度）は負で有意である。一方，協同作業では，会話グループ

表1-5　チーム作業による作業時間

作業方法 分布(分)	分割 (n＝12)	協同 (n＝12)
平均値	31.74	38.44＊
標準偏差	7.67	9.71

＊：p＜.05，＊＊：p＜.01.

表1-6　チーム作業による作業時間に対する相関係数

要　　因		作業方法		分割 (n＝12)	協同 (n＝12)
個人能力(個人能力実験における作業時間)				0.918＊＊	−0.019
相互作用	会話	直接的会話	A	−0.142	0.550
		間接的　作業的会話	B	−0.153	0.764＊＊
		会話　　心理的会話	C	0.183	0.734＊＊
		独り言　作業的独り言	D	0.191	0.435
		心理的独り言	E	0.649＊	0.460
		雑談	F	−0.124	0.495
	満足度	作業能力	G	−0.666＊	0.210
		雰囲気	H	−0.246	0.179
		対人関係	I	−0.552	−0.065
		役割分担	J	0.035	0.062
		凝集性	K	−0.023	0.385

＊：p＜.05，＊＊：p＜.01.

全体で分割作業よりも相関関係が強い傾向にあり，会話 B（作業的会話）と C（心理的会話）が高度に有意である。これは被験者同士が相互に相談しながら作業を行うため，会話 A（直接的会話），B，C を中心として会話回数が増加し，その会話時間や思考時間が分割作業以上に発生するので作業時間を増加させる。このように構成員相互では相互補完的に作業しているが，チームとしては逆に作業時間を増大させ，生産性は低下している。生産性を求めるか，チーム構成員の相互補完に基づく社会性・人間性を構築するかの相反するトレードオフの関係である（表 1-6）。

3.2 個人能力および相互作用とチーム作業による作業時間

　分割作業と協同作業における個人能力，会話，満足度，チーム作業による作業時間ごとに判別分析による正判別率を示す[7]。ここで，個人能力は前述したように，両作業間では，分散および平均値に有意差が生じないように被験者の割り振りを行っているので，正判別率は 50（％）が理想といえる。会話の正判別率は 100（％）であり，分割作業と協同作業は完全に分離されており，会話の内容およびその発生頻度は全く異なる。満足度は約 80（％）であり，これらの影響を受けるチーム作業の作業時間は，約 70（％）である。このように，分割作業と協同作業を特徴づける要因の順序は会話，満足度そしてチーム作業による作業時間であり，会話と満足度から構成される相互作用の影響は大きく，作業者の役割構造の違いは，Group Process に大きく影響を与えている（表 1-7）。

表 1-7　判別分析における正判別率

（n＝n1＋n2＝12＋12，K：変数）

	要因	正判別率 （％）
Resource	個人能力（K＝1）	54.17
Process	会話（K＝6） 満足度（K＝5）	100.00 79.17
Group Productivity	チーム作業による 作業時間（K＝1）	70.83

48 第1部 産業界での実証研究の前に

表1-8 固有値および累積寄与率

要因 （K：変数）	主成分	分割(n=12)		協同(n=12)	
		固有値	累積 寄与率 （%）	固有値	累積 寄与率 （%）
相互作用	会話 （K=6）	I	4.435	73.92	5.003	83.38
		II	1.298	95.56	0.602	93.42
	満足度 （K=5）	I	2.725	54.49	2.745	54.91
		II	1.082	76.13	0.859	72.09

3.3 相互作用における情報の集約化

両作業の会話グループ（A〜F）内および満足度グループ（F〜K）内の強い相関係数による多重共線性の問題を避けるために，主成分分析による情報の集約化を行い，以降の解析を行う[8], [9]。両要因グループにおける固有値，因子負荷量から第I主成分で充分説明可能である（表1-8）。

ここで，第I主成分の因子負荷量では，会話グループでは協同作業で近接しているが，分割作業ではE（心理的独り言）が極端に離れている。これは個人作業に近いことによる心理的葛藤によるものである。また，満足度グループでは，分割作業よりも協同作業でそれらの値は接近しており，G（作業能力に対する満足度），I（対人関係に対する満足度）でその値が高い。相互補完をより必要とされる作業は，会話と満足度の各項目は高い値で類似していることが確認されている。

3.4 チーム作業による作業時間への影響

チーム作業による作業時間に対する個人能力，会話，満足度の影響度合について考察する。主成分分析による会話では，各被験者の得点布置から第I主成分（「生産的会話」と解釈）とこれに直交する第II主成分（「心理的会話」と解釈）を求めた。また，満足度においても同様にして，II次元までの主成分によって布置し，これを解釈するとアンケートグループH, J, Kより構成される「チーム関係の成分」とGとIより構成される「個人関係の成分」とに層別可能であり，各第I主成分により解析を行っている。

第 1 章　実験心理学　*49*

表 1-9　**チーム作業による作業時間に対する説明変量の影響順位（全変数取込み法）**

要因		説明変量（K＝6）	分割作業 （n＝12）	協同作業 （n＝12）
個人能力		個人能力実験における 作業時間	1	4
相互 作用	会話	生産的会話（第Ⅰ主成分） 心理的会話（第Ⅱ主成分）	3 2	1 5
	満足度	チーム関係（第Ⅰ主成分） 個人関係（第Ⅰ主成分）	4 5	2 3

　以上の 5 説明変量（個人能力，生産的会話，心理的会話，チーム関係，個人関係）によって，チーム作業の作業時間に対する重回帰分析を行った。全変数取込み法によって求められた標準偏回帰係数の値に基づいて順序づけを行った結果を示す[7]～[9]。

　分割作業では最も強く影響を与えている要因は個人能力であり，その偏相関係数も大きく，統計的にも高度に有意である。次いで会話，満足度の順である。一方，協同作業においては生産的会話の影響度合が大きく，その偏相関係数は統計的にも有意である。次いで満足度，個人能力，心理的会話の順である。このように，分割作業と協同作業ではチーム作業による作業時間に対する説明変量の順序は大きく異なる。協同作業は，個人能力以上に会話や満足度の影響がより大きいことを理解することが重要である（表 1-9）。

　さらに，チーム作業による作業時間に対する説明変量の影響度合いを重回帰分析のステップワイズ法により説明変量のしぼり込みを行った回帰式の検定結果を示す。いずれも統計的に有意である。両作業方法ともに 2 種類の説明変量が取り込まれている。分割作業においては個人能力，協同作業においては生産的会話が一番目であり，二番目はともに満足度におけるチーム関係の成分である（表 1-10）。

　ここで，ステップワイズ法によって得られた回帰式による標準化残差を求め，各説明変量と対応させプロットさせると，いずれの作業方法においても 0 を中心として 2 と −2 の間でランダムに布置されていることから，回帰式の妥当性も確認している。また，説明変量間の相関係数はいずれも小さく，説明変

50　第1部　産業界での実証研究の前に

表1-10　チーム作業による作業時間に対する説明変量の影響（ステップワイズ法）

評価		分割作業 （n＝12）	協同作業 （n＝12）
取り込まれた順位			
説明変量 （K＝3）	1	個人能力	生産的会話 （会話）
	2	チーム関係 （満足度）	チーム関係 （満足度）
重相関係数 R		0.947	0.710
自由度調整済み 重相関係数 ρ		0.935	0.627
分散比　F0		39.379＊＊	4.569＊

＊：p＜.05,　＊＊：p＜.01.

量間には線形関係は低く，多重共線性の問題は除外されている[8]。

　チーム作業の基本構造を解析するために，Steiner の Group Process に基づいて実験を行った。実験においては，Task Demand（作業内容）と Resource（個人能力）を一定とし，役割構造（作業方法）を操作変数として Process としての相互作用（会話と満足度）の変化と Group Productivity つまりチーム作業の作業時間への影響度合について考察した。同一の作業内容であっても，作業者の役割構造の違いにより，チーム作業による作業時間は異なり，相互作用も異なることが確認された。個人能力の影響は分割作業で大きく，本来のチーム作業である協同作業では，個人能力以上に相互作用の重要性を確認できる。役割構造の違いは，会話内容を大きく変化させ，チーム作業による作業時間への影響は，生産的会話が顕著である。一方，満足度は役割構造の違いによって大きく影響を受けており，チーム作業による作業時間への影響も異なる。また，主成分分析におけるチーム関係の成分が両作業方法において重要な要因となっている。このように，Group Process としての相互作用（会話，満足度）は，個人能力以上にチーム生産性に影響を与える場合があることを確認している。

　これらの知見は，生産現場に対する一つの提案である。作業時間の短縮を目

指す生産性重視か，相互作用に基づく人間性・社会性重視かのトレードオフではなく，両者を満たす新パラダイムが求められる。

参考文献

[1] Davis, J. H. 著，広田君美監修，永田良昭訳『集団行動の心理学』誠信書房 (1982)。

[2] Shiflett, S. C., " Group Performance as a Function of Task Difficulty and Organizational Interdependence, " *Organ. Behavi. Hum. Performance*, pp. 442-456, Vol. 7 (1972).

[3] Smith, K. A., Johnson, D. W. and Johnson, R. T., "Effects of Controversy on Learning in Cooperative Groups," *J. Soc. Psychol.*, pp. 199-209, Vol. 122 (1984).

[4] Cyert, R. M. and March, J. M., *A Behavioral Theory of the Firm*, Prentice-Hall, Englewood Cliffs (1963).

[5] Wiest, W., Porter, L. and Ghiselli, E., "Relationships between Individual Proficiency and Team Performance and Efficiency," *J. Appl. Psychol.*, pp. 435-440, Vol. 45 (1961).

[6] 鈴木俊哉「単純複数作業の作業時間について」『日本工業経営学会誌』Vol. 47, 3-8 頁，(1971)。

[7] 小林隆一『相関・回帰分析法入門』日科技連 (1984)。

[8] 本田正久・島田一明『経営のための多変量解析法』産業能率大学 (1982)。

[9] Chatterjee, S. and Price, B. 著，佐和隆光，加納悟訳：『回帰分析の実際』新曜社 (1984)。

第 2 章
作業チームリーダーの認識

1. はじめに

　第 3 章の我が国の生産現場におけるチームワークを評価するためのチームワーク評価因子の抽出とその解析，および第 4 章以降の生産現場における事例研究での着眼点を事前に得るために，作業チームのリーダーが，チーム作業に持つ認識を確認している。

　本章は，製造業の生産現場における作業チームを管理，指導する立場にあるチームリーダーの認識に関する調査結果である。調査内容は，日常行われているチーム作業に対する認識，作業割当て，効果および必要性，将来動向などである。さらに，チーム作業が持つ属性と考えられるチームサイズ，直接作業比率，そして協同作業比率について考察する。

　近年，省力化が急速に進み，現業部門の作業チームにおいても作業に対する意識的変革の必要性が迫られている。また，工程編成においても従来から指摘されている単調感や疎外感を生ずる単純な流れ作業ではなく，これを多品種少量生産の形態にまで広げることによって，問題点を減少させる生産方式が実践されている。さらに，複数作業者の編成であっても，組作業や連合作業というチームワークが重要となるチーム作業が現業部門を中心として数多く見受けられる。装置工業の監視作業にもチームを組むことによって，生産設備や装置の大型化，高度化に対応している。将来の作業管理・工程編成では，生産設備の操作に関する Man-Machine System や FMS，さらに CAD / CAM を中心とした徹底的な自動化，省人化を目差す方向が考えられるが，これらの操作や監視はチームで行う場合が多い。さらに，大型の組立作業や設備保全作業は，手作

業によるチーム作業が主となる。このような視点から，東京証券取引所一部上
場企業の製造業の生産現場における社会調査を実施している。本調査では，組
織図に明記された公式の職制上の作業チーム（たとえば班，係など）がチーム
作業の形態である場合を取り上げている。回答者は，生産現場の作業チームの
リーダー（たとえば班長，係長など）である。本調査は，チームワークに関す
る一連の研究の一環であり，チーム作業の実態をリーダーの目を通して確認す
ることが目的である。

2. 調査概要

本調査は，「第3章：集団力学」で考察されるリーダーとメンバーの両者に
対して行われた「生産現場からのチームワーク評価因子の抽出」に関する社会
調査とともに実施されている。

(1) 調査方法

全国の事業所長宛に依頼状，アンケート調査用紙，チーム作業に関する説明
資料，個別投函用の返信用封筒（他人の目を気にすることなく自由に記入して
もらうための回答者自身による封印）を一括して郵送し，記入後，無記名で個
人別に研究室宛にご返送して頂いた。

(2) 作業チームおよび回答者（記入者）の選定

チーム作業の作業形態をとる作業チームを5グループを事業所長により選定
して頂き，その作業チームに属するリーダーを回答者としている。

(3) 作業内容

作業内容は実作業（監視作業，機械作業，組立作業），検査作業，設備保全
作業である（表2-1）。

(4) 回収率

回収率を示す（表2-2）。

また，返送されたリーダーの属する業種を示す（表2-3）。

(5) 調査期間

1984年10月4日に郵送し，同年11月20日を締切りとした。その後，単純

54 第1部 産業界での実証研究の前に

表2-1 作業内容

n＝548（複数回答）

作業内容（具体例）	回答者（人）	構成比率（%）
全自動機械作業 （監視，スイッチ ON, OFF）	94	17.1
半自動（手扱い）機械作業 （機械操作による加工）	207	37.8
手作業 （組立，組付け）	247	45.1

表2-2 回収率

	依頼	回収	回収率（%）
事業所	219	96	43.8
リーダー	1095 （219×5）	412	37.6

表2-3 業種と有効回答者

n＝383

業種（1）	作業チーム（2）	業種（1）	作業チーム（2）
自動車	40	他化学	10
化学	40	家電部品	10
精密	28	塗料	10
建設	26	紙・パルプ	8
普通鋼	26	セメント	8
産業機械	23	他鉄鋼	7
ゴム	22	他窯業	6
他機械・部品	20	他電機	5
通信機	15	繊維	5
造船	15	医薬	5
重電	14	工作機	5
非鉄	14	鉱業	5
食品	12	ガラス	4

注：(1) 東洋経済新報社編：「会社四季報60年第3集/夏季号」(1985) による東京証券取引所一部上場企業の分類。
(2) 有効回答者となったチームリーダーは，（財）日本科学技術連盟 QC サークル本部のご協力による「QC サークル役員ら幹事名簿（1984）」より抽出。

集計と解析を行い，それらの結果を礼状とともに，ご協力頂いた全事業所長にご返送した。さらに，各事業所からの個別要求に対する解析結果を返送した後に，本調査の解析を開始している。

3. チーム作業

本調査で取り上げているチーム作業[序章, [1]] の概略を示す。

(1) チーム（図2-1）

① 直属の上司：チームを職制上管理できる地位にある者

② チーム：リーダーと複数のメンバーを含む職制上の作業チーム（複数リーダーも含む）

図 2-1　チーム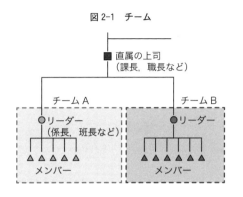

図 2-2　チーム作業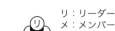

③　リーダー：メンバーとともに作業を行い，複数のメンバーを直接的に管理する地位にある者
④　メンバー：最末端の現業部門の生産現場で作業を行う者

(2)　**チーム作業**（図 2-2）

2名以上のメンバーがリーダーの統率のもとに，相互に協力しあいながら同一の対象（生産設備や装置または製品や材料など）に対して作業を行う作業形態である。

(3)　**チーム作業を構成する作業要素**

①　単独作業：複数の作業がネットワーク的に関連して仕事を構成するが，このネットワーク上の作業でも他のメンバーの手助けを必要とせず，一人で行える作業である。
②　協同作業：ネットワーク上の作業のうちでも2人以上のメンバーが組となって一体化して行わなければできない作業であり，特にチームワークが求められる。

4. 属性

チーム作業のリーダーおよびチーム作業の各属性の概略を理解する。

56　第1部　産業界での実証研究の前に

(1)　リーダー

① 　年齢（表2-4），② 　勤続年数（表2-5），

③ 　リーダーの経過年数（表2-6），④ 　現在のチームへの所属年数（表2-7）

　　リーダーの平均年齢は，39.9（才）であり，その平均勤続年数は，19.3（年）である。学校卒業後の約20（年）の熟練技能を持つ作業者が，作業チームのリーダーとなっている。また，リーダーの平均経験年数は，5.9（年）であり，チームリーダーの経験豊富な回答者である。さらに，現在のチームへの

表2-4　年齢

年齢 （才）	回答者 （人）	参考
21〜25	7	有効
26〜30	20	回答者数
31〜35	73	n＝379
36〜40	98	最小：21.0
41〜45	108	最大：56.0
46〜50	50	平均：39.9
51〜55	18	標準
56〜60	5	偏差：6.2

表2-5　勤続年数

勤続年数 （年）	回答者 （人）	参考
0〜5	9	有効
6〜10	15	回答者数
11〜15	88	n＝380
16〜20	104	最小：2.5
21〜25	99	最大：41.0
26〜30	44	平均：19.3
31〜35	18	標準
36〜40	2	偏差：6.4
41〜45	1	

表2-6　リーダーの経験年数

経験年数 （年）	回答者 （人）	参考
2 未満	89	有効
4 未満	70	回答者数
6 未満	61	n＝363
8 未満	42	最小：0
10 未満	45	（1年未満）
12 未満	13	最大：24.0
14 未満	11	平均：5.9
16 未満	18	標準
18 未満	6	偏差：4.5
20 未満	6	
22 未満	1	
24 未満	1	

表2-7　現在のチームへの所属年数

所属年数 （年）	回答者 （人）	参考
2 未満	133	有効
4 未満	73	回答者数
6 未満	44	n＝363
8 未満	19	最小：0.1
10 未満	19	最大：38.0
12 未満	18	平均：6.1
14 未満	11	標準
16 未満	15	偏差：6.3
18 未満	6	
20 未満	7	
26 未満	13	
32 未満	4	
38 未満	1	

平均所属年数は，6.1（年）であり，リーダーの平均経験年数にほぼ等しい。しかし，最短の所属年数2年未満が最多であることを考えると，多くの作業チームを指導していることを理解できる。

(2) チーム

① メンバーの平均年齢（表 2-8），
② 現在のチームが組織図に明記されてからの経過年数（表 2-9）

作業チームメンバーの平均年齢は，35.8（才）であり，海外と比較するとその年齢はかなり高い。また，現在のチームが組織図に明記されてからの平均経過年数は，10.2（年）である。しかし，4年未満の作業チームも 100 チーム以上と約1/3を占めており，生産ラインは常に更新されている。

(3) チーム作業

① チームサイズ

チームサイズは，同一の作業チームに属する構成者の人数であり，通常は一人のリーダーとこのリーダーの管理・指導下にある複数のメンバーから構成される人員数である（表 2-10）。

作業チームの人員数（リーダーと複数のメンバーを含む）であるチームサイズの平均は，10.3（人）であり，最頻値は4（人），5（人）と小さい。リーダーシップの充分な発揮と作業者への指導というマネジメントの視点からも，多くても一桁の9（人）までとすべきである。一方，チームサイズが 20（人）を超える場合は，職制上または実質的にサブリーダーを設けてチームのマネジメントを行っている場合が多い。

② 直接作業比率

直接作業比率は，リーダーの行うべき全業務内容のなかに，メンバーとともに直接的に実作業に携わる比率である（表 2-11）。

平均は，46.2（％）である。興味深い点は全く実作業を行わないリーダーが 75（人），常時実作業を行っているリーダーが 66（人）と類似していることである。この両者で1/3を超えている。全く実作業を行わないリーダーは作業チームのマネジメントに注力するとともに関連部署にも大いに働きかけを行っていることが考えられる。一方，常時実作業を行うリーダーは，リーダー経験

58　第1部　産業界での実証研究の前に

表2-8　メンバーの平均年齢

平均年齢 （才）	回答者 （人）	参考
21〜25	11	有効
26〜30	61	回答者数
31〜35	91	n＝342
36〜40	93	最小：23.0
41〜45	64	最大：48.3
46〜50	22	平均：35.8
		標準
		偏差：6.1

表2-9　明記経過年数

明記経過 年数（年）	回答者 （人）	参考
2 未満	59	有効
4 未満	43	回答者数
6 未満	34	n＝307
8 未満	19	最小：0.2
10 未満	38	最大：60.0
12 未満	16	平均：10.2
14 未満	18	標準
16 未満	26	偏差：9.2
18 未満	7	
20 未満	20	
30 未満	18	
40 未満	6	
50 未満	1	
60 未満	2	

表2-10　チームサイズ

チーム サイズ （人）	回答者 （人）	チーム サイズ （人）	回答者 （人）	参考
2	21	14	10	有効
3	34	15	7	回答者数
4	42	16	8	n＝379
5	41	17	7	最小：2
6	38	18	2	最大：66
7	25	19	2	平均：10.3
8	29	20	3	標準
9	18	30 未満	16	偏差：9.3
10	20	40 未満	14	
11	13	50 未満	4	
12	16	60 未満	0	
13	8	70 未満	1	

も浅く，やがてマネジメント業務主体にシフトすることが予想される。残り2/3に該当するリーダーは，1〜99（％）のなかでほぼ均等して実作業に参加している。リーダーの直接的な実作業への参加は，管理下にあるメンバーとの一体感を増加させるために，良好なチームワーク認識を生成している[1]。

第2章　作業チームリーダーの認識　59

表 2-11　直接作業比率			
直接作業 比率(%)	回答者 (人)	参考	
0	75	有効	
1〜9	12	回答者数	
10〜19	27	n＝360	
20〜29	28	最小：0	
30〜39	21	最大：100	
40〜49	16	平均：46.2	
50〜59	31	標準	
60〜69	13	偏差：38.3	
70〜79	24		
80〜89	27		
90〜99	20		
100	66		

表 2-12　協同作業比率			
協同作業 比率(%)	回答者 (人)	参考	
0	46	有効	
1〜9	15	回答者数	
10〜19	23	n＝356	
20〜29	54	最小：0	
30〜39	31	最大：100	
40〜49	18	平均：44.8	
50〜59	13	標準	
60〜69	24	偏差：34.7	
70〜79	30		
80〜89	38		
90〜99	38		
100	26		

③　協同作業比率

　協同作業比率は，主たるメンバーとこれを補助するメンバーが一体となって同時並列的に協同しなければできない作業が，日常の実作業のなかに占めている比率である（表 2-12）。

　平均は 44.8（%）であり，ほとんど発生しない 46（人）を除くと，概ねメンバー間による同時並列的な協同作業が，常時発生している 26（人）も含めて，均等に発生している。この協同作業も良好なチームワーク認識を生成する場合があることを確認している[2]。

5.　調査結果

(1)　作業割当て

　チームリーダーが，チームを構成するメンバーに対する作業割り当ての評価基準である。チーム作業編成は，メンバーの作業量の均一化，メンバーの手待ち時間の最小化が主であり，チーム全体のバランスが第一である（表 2-13）。

(2)　チーム作業に関する認識

　チーム作業の特徴について，リーダーが日常感じている意識を確認してい

60　第1部　産業界での実証研究の前に

表 2-13　作業割当て方法

n＝367

評価尺度	回答者（人）	構成比率（％）
1　メンバーの作業量の均一化	120	32.8
2　メンバーの手待ち時間の最小化	87	23.7
3　チームの作業時間の最短化	64	17.4
4　チームの手待ち時間の最小化	57	15.5
5　メンバーの最長時間の低減化	17	4.6
6　その他	22	6.0

表 2-14　チーム

設問項目	構成比率（％）	参考
1　チーム生産性は，リーダーのリーダーシップにより大きく影響を受けている。	24.7	有効回答者数 n＝380
2　チームは，相互に手助けしあう一つの組織を作り上げている。	24.5	設問数：7 累積構成比率：71.6（％）
3　チームは，一つの目標を持っている。	22.4	
4　残り4項目	28.4	

表 2-15　チームを構成するメンバー

設問項目	構成比率（％）	参考
1　チームのメンバーは，協同してチームワーク良く働いている。	29.3	有効回答者数 n＝361
2　チームのメンバーは，共通の目標を持っている。	24.7	設問数：6 累積構成比率：74.7（％）
3　チームのメンバーは，チームの目標を分配して，それを満たすように働いている。	20.7	
4　残り3項目	25.3	

る。累積構成比率が70％を越える設問項目を比率順に示す。

① チーム

　チームとして重要な点は，リーダーシップ，相互補完，共通の目標とほぼ均等化している（表2-14）。

② チームを構成するメンバー

　チームメンバーは，チームワーク，共通の目標，自身の担当作業の認識が強い（表2-15）。

③ 作業上のチームワークの確認

　作業上のチームワークは，全体の仕事の流れの中で確認することの認識が高

第2章　作業チームリーダーの認識　*61*

表 2-16　作業上のチームワークの確認

設問項目	構成比率(%)	参考
1 チームのメンバーは，それぞれ特定の作業を持っているが，細かな点はチーム全体の流れを見ながら，メンバーの自主性によって補われている。	41.8	有効回答者数 n＝361 設問数：7 累積構成比率：73.7(%)
2 チームのメンバーは，チームで仕事をしているという自覚がある。	31.9	
3 残り5項目	26.3	

表 2-17　作業上のネットワークの確認

設問項目	構成比率(%)	参考
1 仕事のネットワークが，単独作業，協同作業によって行われている。	43.4	有効回答者数 n＝353 設問数：7 累積構成比率：74.0(%)
2 チームのメンバーは，同一の作業域内で仕事を行っている。	30.6	
3 残り5項目	26.0	

い（表 2-16）。

④　作業上のネットワークの確認

作業上のネットワークが単独作業や共同作業により遂行されているとの認識が高い（表 2-17）。

以上の結果から，チームリーダーは，明確な集団目標を設定し，その共通目標に対して各メンバーがチームワーク良く作業を行うことを要求している。さらに，作業上のネットワークやリーダーのリーダーシップの重要性を指摘できる。

(3) チーム作業の効果および必要性（複数回答）

ここでも構成比率の累積が 70（%）を越える項目を比率順に示す。

①　生産性向上のための教育・訓練

OJT が主である（表 2-18）。

②　チーム作業の問題点

チーム作業実施上の問題点は，人間関係，メンバーの能力が 50（%）を超えている（表 2-19）。

③　チーム作業の必要理由

その必要理由は，作業能率面からの要求に基づくものが主である（表 2-20）。

62　第1部　産業界での実証研究の前に

表 2-18　生産性向上のための教育・訓練

設問項目	構成比率(%)	参考
1　実際の作業指導を通じて行う。	50.3	有効回答者数（複数回答）n＝580設問数：5累積構成比率：78.4(%)
2　社内の講習会や研修会への参加により行う。	28.1	
3　残り3項目	21.6	

表 2-19　チーム作業の問題点

設問項目	構成比率(%)	参考
1　人間関係	33.2	有効回答者数（複数回答）n＝494設問数：7累積構成比率：70.1(%)
2　メンバーの能力	22.7	
3　リーダーの能力	14.2	
4　残り4項目	29.9	

表 2-20　チーム作業の必要理由

設問項目	構成比率(%)	参考
1　作業能率面からの要求	61.3	有効回答者数（複数回答）n＝413設問数：5累積構成比率：83.8(%)
2　納期面からの要求	22.5	
3　残り3項目	16.2	

表 2-21　チーム作業による効果

設問項目	構成比率(%)	参考
1　メンバーの能力が向上した。	28.6	有効回答者数（複数回答）n＝542設問数：7累積構成比率：79.7(%)
2　チームの人間関係が向上した。	25.8	
3　個人作業よりも生産性（出来高や品質）が向上した。	12.9	
4　チームの雰囲気が向上した。	12.4	
5　残り3項目	20.3	

④　チーム作業による効果

　チーム作業による効果は，メンバー能力の向上，人間関係の向上が主である（表 2-21）。

⑤　チーム作業に対して最も強く影響を与える要因

　強く影響を与える要因は，リーダーシップ，人間関係が主である（表 2-22）。

(4)　チーム作業の将来

　作業割当て，チーム作業に関する認識，チーム作業の効果および必要性，を

表 2-22 チーム作業に最も強く影響を与える要因

	設問項目	構成比率（%）	参考
1	リーダーのリーダーシップ	28.4	有効回答者数
2	チーム内の人間関係	23.1	（複数回答）
3	仕事を行う手順のよしあし	15.9	n＝584
4	メンバーの個々の能力	14.9	設問数：9 累積構成
5	残り5項目	17.7	比率：82.3(%)

表 2-23 チーム作業の将来

n＝336

	将来動向	回答者（人）	構成比率（%）
1	増加	173	51.5
2	減少	112	33.3
3	不明	51	15.2

確認した。最後に，現在チーム作業を行っているリーダーが持つ将来のチーム作業の動向について確認している。結果は，増加するという意見が過半数を占めている（表 2-23）。

6. 解析および考察

6.1 作業割当て

チーム作業の3属性を目的変数とし，作業割当て方法（表 2-13 参照）を説明変数として，数量化理論Ⅰ類により解析を行い，偏相関係数を求める（表 2-24）。

作業割当て方法に影響を与える属性は協同作業比率である。前述したように，協同作業は，メンバー相互に一体となって同時並列的に協同しなければできない作業であり，多くの職場でみられる作業形態であり，これを含む作業編成がチームワークの上でも重要である。

6.2 チーム作業の認識

前項と同様の手順で得られた偏相関係数を示す。ここで表中の順位付けは，属性ごとの偏相関係数の値に基づいている。作業上のネットワークの確認における直接作業比率を除いて，いずれも統計的に有意である。特に，作業上の

64 第1部 産業界での実証研究の前に

表2-24 チーム作業の属性と作業割当て

チーム作業の属性	回答者(人)	偏相関係数 r0	影響順位
1 チームサイズ	365	0.071	2
2 直接作業比率	348	0.067	3
3 協同作業比率	346	0.149**	1

*r0>r(n−K : 0.05)，**r0>r(n−K : 0.01)，
K＝6（設問数：表13参照）．

表2-25 チーム作業の属性とチーム作業に関する認識の関係

r0：偏相関係数

属性	認識	チーム（表14参照）	チームを構成するメンバー（表15参照）	作業上のチームワークの確認（表16参照）	作業上のネットワークの確認（表17参照）
1 チームサイズ	r0	0.141**	0.147**	0.166**	0.114*
	回答者(人)	376	372	357	349
	順位	3	2	1	4
2 直接作業比率	r0	0.165**	0.112*	0.222**	0.040
	回答者(人)	357	354	340	334
	順位	2	3	1	4
3 協同作業比率	r0	0.112*	0.137*	0.321**	0.171**
	回答者(人)	353	349	336	333
	順位	4	3	1	2

*r0>r(n−K : 0.05)，**r0>r(n−K : 0.01)．

チームワークの確認は他の認識よりも偏相関係数は大きい。従って，実験心理学によるチームだけではなく，実際の生産現場の作業チームにおいてもチームワークの重要性を指摘できる（表2-25）。

また，チーム作業に関する認識は，各属性における偏相関係数の平均値から考えると，第一に協同作業比率（r0＝0.185），次にチームサイズ（r0＝0.142），さらに直接作業比率（r0＝0.135）の順で影響を受けている。

さらに，5.(2)で述べたように，設問グループごとの上位項目（表2-14～17参照）を目的変数とし，リーダーの属性（表2-4～表2-7，4属性），チームの属性（表2-8～表2-9，2属性），チーム作業の属性（表2-10～表2-12，3属

第 2 章　作業チームリーダーの認識　*65*

表 2-26　正判別率

チーム作業に対する認識	回答者（人） (項目数：項目別回答者数)	正判別率 （%）
1 チーム （表 14 参照）	170（3：51, 58, 61）	45.88
2 チームを構成するメンバー （表 15 参照）	181（3：60, 77, 44）	50.83
3 作業上のチームワークの確認 （表 16 参照）	165（2：74, 91）	71.52
4 作業上のネットワークの確認 （表 17 参照）	165（2：74, 91）	65.45

表 2-27　心理的側面における比較

（上位 2 項目の回答者による比較, n：n1＋n2＝74＋91）

	属　性	F0	t0
リーダー	年齢	1.414	1.872
	勤続年数	1.593*	0.984
	経験年数	1.094	1.093
	所属年数	1.869**	1.481
チーム	明記経過年数	1.459	0.890
	メンバーの平均年齢	1.246	0.839
チーム作業	チームサイズ	2.535**	1.008
	直接作業比率	1.131	0.139
	協同作業比率	1.025	5.641**

＊：$p<.05$,＊＊：$p<.01$.

性），の計 9 属性を説明変数として判別分析を行い，各項目に回答したリーダーの認識差異を確認する。ここで，上位項目数が 3 の場合（表 2-14, 15 参照）は一軸のみによる正判別率を示す。作業上のチームワークの確認と作業上のネットワークの確認で正判別率が高い（表 2-26）。

　さらに，表 2-25 における項目別回答者数の上位 2 設問項目に対応させて，9 属性について 2 群に層別し等分散に関する検定（F0 値）と平均値の差に関する検定（t0 値）を行った。等分散の検定においては，リーダーの属性における勤続年数および所属年数，またチーム作業の属性ではチームサイズに統計的な有意差が見られる。平均値の差に関する検定においてはチーム作業の属性で

66 第1部 産業界での実証研究の前に

ある協同作業比率に有意差が見られる。このように，勤続年数や所属年数に代表されるリーダーの経験が大きく影響を与えている。さらに，チーム作業の属性ではチームサイズと協同作業比率が顕在化している（表2-27）。

6.3 チーム作業の将来

チーム作業の将来動向に関しては，最終的に10項目に整理された。複数回答（n＝407）として得られた将来動向は，増加が約60（％）（246／407≒0.60），減少が約40（％）（161／407≒0.40）である。増加の全回答を100（％）とした場合，チームワークが約32（％），作業能率が約24（％），次いで工程管理が約12（％）であり，これらで約70（％）となる。いずれも前述の結果と類似しており，調査の信憑性が得られている。また，減少の場合も同様にして，自動化が約52（％），工程管理が約20（％），次いで省人化が約13（％）であり，これらで約85（％）である。

さらに，回答結果とその理由が明確であったリーダー（n＝270）について，増加および減少を目的変数とし，各理由を説明変数にとり数量化理論Ⅱ類によって考察を行う。各理由に対応するレンジを示す。将来の動向は，自動化とチームワークのとらえ方によって大きく影響を受ける。軸の解釈は，マイナス方向は自動化，省人化指向であり，プラス方向はチームワークによるチーム作業指向であることから，二極化された生産性向上のためのアプローチとなる。また正判別率も約88（％）と高い。このように，チーム作業は，自動化指向により減少し，チームワークを重視する立場からは増加する（図2-3）。

先進国の自動化，省人化の対極にある工業立国を目指している発展途上国の労働集約型のものづくり生産現場では，チームワークの果たす役割はより大きい。東南アジア諸国でのチームワークマネジメントで得られる期待は大きい。

産業界におけるチーム作業の現状が，作業チームのリーダーの目を通じて確認された。チーム作業を構成する各属性はいずれも意義のある知見であり，第3章に引き継がれる。いよいよ，我が国のものづくり産業界からのチームワークを評価すべき因子の抽出である。

図 2-3 チーム作業に影響を与える要因（将来）

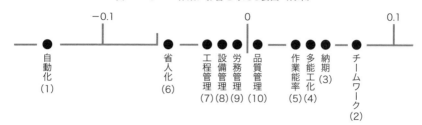

注：n＝270（増加：n１＝161，減少：n2＝109，正判別率＝87.8％）
　　（　）：レンジの絶対値による順位付け。

　本調査にあたっては，（財）日本科学技術連盟 QC サークル本部の御協力を頂きました。

参考文献

［１］　野渡正博「グループ作業における集団統合化要因の関連性─リーダーの作業参加による影響を中心として─」『産業・組織心理学研究』Vol. 3, No. 1, 7-17 頁（1989）。
［２］　野渡正博「産業界におけるグループ・ダイナミックス：チームワーク要因の確認とその検証─グループ作業に関する一連の研究を総括して─（論文発表）」，『日本経営工学会誌』公益社団法人日本経営工学会, Vol. 43, No. 4, 241-252 頁（1992）。

第 2 部

生産現場からのチームワーク評価因子の抽出

我が国製造産業界のものづくり生産現場に関する研究成果である。生産現場の作業チームに存在する社会システムとしてのチームワークを評価すべき「チームワーク評価因子」を抽出する。まず、抽出にあたっては、集団力学を中心とする文献研究とアンケートによる全国的社会調査から仮説モデルとしての集団統合化要因を設定する。次に、アンケート調査の定量的データに対して基礎統計を中心とする解析を行い、設定モデルの設定を行っている。ここまでは、チームサイズに基づく解析である。さらに、この設定モデルに対して、チーム作業の3属性（チームサイズ、直接作業比率、協同作業比率）による総合的な視点から多変量解析を中心として解析を行い、集団統合化要因の確定モデルを設定している。最終的に、この確定モデルから得られた知見からチームワーク評価因子を抽出している。生産現場における社会科学の研究活動は、コンセプトを組み上げた後に、これを実際に検証することが必要であり、後述するITD, GITD, 社会生産性、チームワークマネジメントの構築の基礎となるため慎重な手順を踏んでいる（図3-1）。

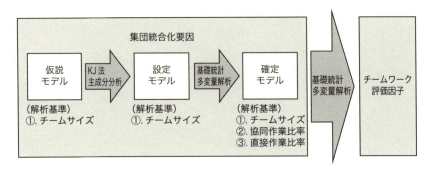

図3-1 集団統合化要因からのチームワーク評価因子の抽出

第 3 章

集 団 力 学

1. はじめに

　集団における心理的な要因は，集団力学において詳細に研究されている[1], [2]。しかし，いずれも各種条件や要因を制約している実験室での研究が多い。産業界から研究要望も強いため，東京証券取引所一部上場企業の製造業の作業チームを研究対象としている（第 2 章参照）。作業チームの作業内容は，①実作業：監視作業，機械作業，組立作業，②検査作業，③設備保全作業，である（第 2 章，表 2-1 参照）[3]。研究対象は，複数の作業者によるチーム作業形態をとる作業集団である。これは，個人作業よりも心理的相互作用が強く現われるためである[4]。チーム作業の 3 属性が，チームワークに対する認識に影響を与えており（第 2 章参照），これらを操作変数として解析を行い，チームワーク評価因子を抽出する。まず，顕著な特徴が確認されたチームサイズについて紹介し，その後チーム作業の 3 属性全体から考察を行う（図 3-2）。

2. 調査概要

　全国の事業所長宛に依頼状，アンケート調査用紙，説明資料，返信用封筒（回答者自身の封による個人別投函用）を一括して郵送し，回答者が記入後，無記名で個人別にご返送頂いた[3]。回答者（記入者）は，リーダー（たとえば班長，係長など）とその管理下にあるメンバーであり，事業所長に選定して頂いた 5 チーム（各チームからリーダー 1 名，メンバー 2 名）である（表3-1）。

図 3-2 仮説モデルの集団統合化要因設定からチームワーク評価因子の抽出・設定までの手順

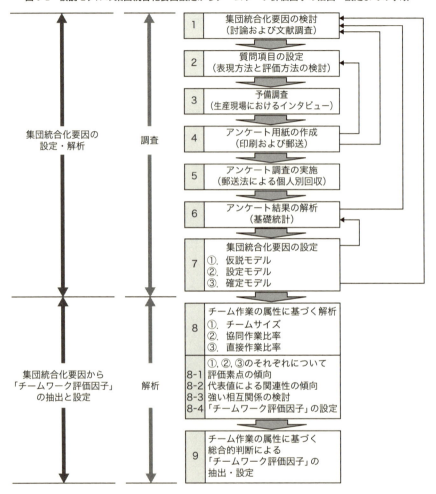

3. チームサイズ

　回収結果から有効回答者（リーダー：n=298，メンバー：n=585）を設定し，チームサイズの解析モデルを設定する。モデル間でかたよりが生じないよ

第 3 章　集団力学　　73

表 3-1　回収率

	依頼	回収	回収率 (%)
事業所	219	96	43.8
リーダー	1095 (219×5)	412	37.6
メンバー	2190 (219×10)	829	37.9

表 3-2　チームサイズ

モデル	構成人員 (人)		有効回答者 (人)	
	範囲	最頻値	リーダー	メンバー
S	2～7	6	108	201
M	8～13	11	92	189
L	14～80	16	98	195

うに構成人員の範囲を設定している（表 3-2）。

4.　集団統合化要因
　（チームワーク評価因子を抽出するための仮説モデル）

　作業チームの生産性に影響を与える要因は，① チームサイズ，② チーム目標の明確化，③ 構成員の役割構造の明確化，④ チーム内の対人関係および相互依存性，⑤ チームの規範および凝集性，⑥ リーダーシップ，である[4]。さらに，組織心理学的な要因[5]～[9]と，作業管理を中心とする生産的要因を補充し，チームワーク評価因子を抽出するための仮説モデルである集団統合化要因を設定する。図 3-2 の手順 1 では，試行錯誤的に 150 以上の質問項目を選定していたが，これらに対して，KJ 法や主成分分析を適用し，最終的に 102 項目，20 要因としている。質問項目内容はリーダーおよびメンバーともに同一である。さらに，各集団統合化要因内の質問項目の絞り込みでは，チーム作業の属性であるチームサイズに基づき，リーダーおよびメンバーともにすべてのチームサイズモデルにおいて 90（％）以上が同一回答結果であった項目を最初に除外している。これは，チームサイズによる顕著な特徴を把握するためである。次に，残された各要因内の質問項目に対して，主成分分析による II 次元までの因子負荷量布置に基づいて考察を行っている。この時，チームサイズ別の布置全体を通じて，リーダーおよびメンバーともに共通的に大きく遊離していた項目を除外する手順を 2 回ずつ行っている。これは，要因内の質問項目の類似性を保つためである。さらに，チーム作業を支える「組織的環境」と，実際

74 第2部 生産現場からのチームワーク評価因子の抽出

図3-3 仮説モデルとしての集団統合化要因

組織的環境 (14)		
組織的要因 (7) 1 チームサイズの適正度 (4) 2 命令系統の明確性 (3)	**組織的圧力 (3)** 3 関連部門からの圧力 (3)	**物理的環境 (4)** 4 作業環境・レイアウト (4)

チーム作業環境 (88)		
作業要因 (18) 5 作業管理の状態 (5) 15 作業遂行の能力 (8) 17 作業確認 (5)	**相互作用 (12)** 16 生産性への影響 (3) 18 作業上の相互補完 (5) 19 作業上の相互干渉 (4)	**雰囲気 (24)** 8 チームの雰囲気 (12) 10 モラール (やる気) (6) 20 満足度 (6)
目標達成機能 (13) 11 直属の上司による 作業指導 (5) 12 リーダーによる 作業指導 (5) 14 リーダーの権限 (3)	**集団維持機能 (15)** 6 一体感 (10) 13 リーダーによる気配り (5)	**人間関係 (6)** 7 メンバー内の非公式な 順位付け (2) 9 人間関係 (4)

( )：質問項目数，p＝102

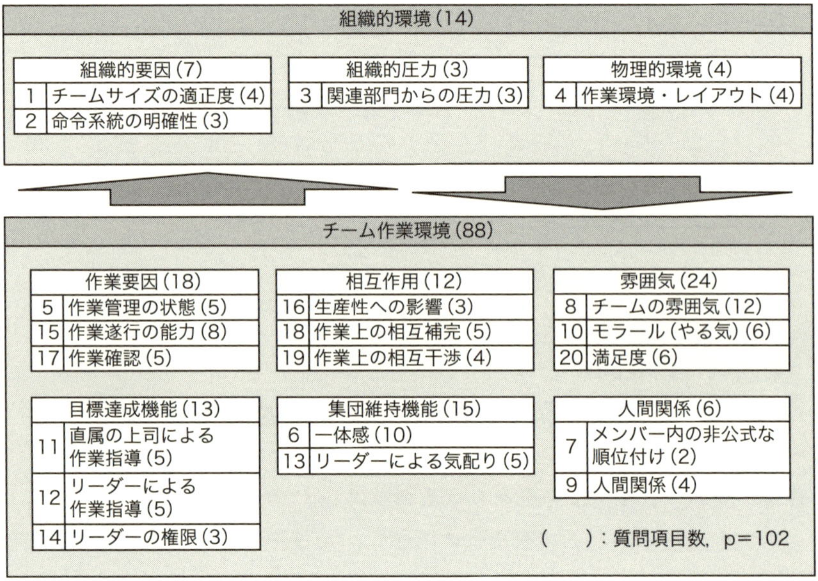

の作業を遂行する過程で生ずる「チーム作業環境」とに層別し，各要因をより上位レベルでグルーピングを行い，仮説モデルとしての集団統合化要因を設定している（図3-3）。

5. 解析および考察

まず，チーム作業の属性の一つであるチームサイズについて考察を行い，次にチーム作業の3属性（チームサイズ，直接作業比率，協同作業比率）による総合的な考察を行う。

5.1 チームサイズに基づくチームワーク評価因子の抽出

チームサイズが大きくなると，図3-3における集団維持機能や人間関係あるいは相互作用や雰囲気は，一般的に希薄になることが経験的に知られている。

第3章　集団力学　75

表3-3　チームサイズの増加（S→M→L）に対する平均値の傾向

傾向	構成員	集団統合化要因
低下	リーダー，メンバー	1, 3, 8, 9, 10, 15, 18, 20
	リーダー	19
	メンバー	5, 6, 7, 11, 12, 13, 17
増加	リーダー	11, 14

　しかし，各要因間の関係がすべて希薄となるわけではなく，チームサイズの影響を受けない強い関係も共通的に存在する[10]。

(1) 評価素点

　各質問項目（p＝102）は，5段階評価（−2（非好意的回答），−1, 0, 1, 2（好意的回答））であり，この評価素点を確認後，各質問項目から構成される各集団統合化要因（P＝20）について考察する。

① 傾向

　平均値はチームサイズの増加とともに好意的回答は低下する傾向がある。また，要因2, 4, 16でリーダーおよびメンバーともに明確な傾向がみられない。逆に，チームサイズの増加に伴って，その評価素点が増加する要因は，リーダーにおける「直属の上司による作業指導（要因11）」と「リーダーの権限（要因14）」であり，いずれも図3-3における目標達成機能である。リーダーの目標達成機能は，チームサイズの増加に伴って強化され，チームとしての全体的な認識低下をカバーし，チーム生産性低下を防ぐように働いている（表3-3）。

② 統計的有意性

　チームサイズモデルに基づいて，全質問項目（p＝102）について，分散比F_0（等分散の検定）とWelchの検定法によってt_0（平均値の差に関する検定）を求め，統計的有意差検定を行う。ここでは，特に顕著な要因について，チームサイズSとLにおけるリーダーとメンバーの比較による検定結果を示す。ここで，表中の数値は各要因内で統計的有意差が確認された質問項目の数を示す。特徴は，分散よりも平均値の比較においてチームサイズの影響を受け

76　第2部　生産現場からのチームワーク評価因子の抽出

表3-4　チームサイズモデルSとLの検定

集団統合化要因	質問項目数	構成員							
		リーダー				メンバー			
		F0		t0		F0		t0	
		*	**	*	**	*	**	*	**
6	10	1	1	2	0	2	0	5	0
8	12	2	1	0	2	0	0	5	6
11	5	0	0	0	0	1	2	1	2
15	8	0	0	2	2	1	2	1	0
18	5	1	0	2	1	0	1	2	3
19	4	0	0	3	1	0	0	0	1
全体	102	7	7	17	14	7	8	28	19
		14		31		15		47	

*：$p < .05$,　**：$p < .01$.

ていることであり，表3-3の傾向とも一致している。つまり，リーダーは「作業遂行の能力（要因15）」や「作業上の相互干渉（要因19）」で差異が見られる。これは，チームサイズの増加に伴って作業に対する認識が減少するためである。また，メンバーにおいては「一体感（要因6）」や「チームの雰囲気（要因8）」，さらに「直属の上司による作業指導（要因11）」や「作業上の相互補完（要因18）」で統計的有意性を確認できる。チームのまとまり具合（要因6，8，18）が，チームサイズの増加により減少し，作業指導を受ける機会も希薄であることを示している（表3-4）。

　また，チームサイズにおけるリーダーとメンバーの比較に関する検定結果を示す。図3-3の「チーム作業環境」における「集団維持機能（要因6，13）」は，チームサイズの増加に伴って，メンバーでは減少傾向が顕著であるが，リーダーにおいてはその傾向がみられない。また，「作業要因（要因5，15）」も同様の傾向を確認できるが，特に「作業遂行の能力（要因15）」は，リーダーおよびメンバーともに減少傾向であり，その差異が大きいことに起因している（表3-3参照）。一般的にチームサイズの増加とともに，質問項目の評価素点は減少傾向にあるが，リーダーとメンバーではその傾向が異なる。これは管理者と作業者とを兼ねるリーダーと，純然たる作業者であるメンバーとで

第3章 集団力学 77

表 3-5 リーダーとメンバーの検定

集団統合化要因	質問項目数	チームサイズ											
		S				M				L			
		F0		t0		F0		t0		F0		t0	
		*	**	*	**	*	**	*	**	*	**	*	**
5	5	0	0	0	0	2	0	0	0	4	1	0	1
6	10	1	0	0	2	2	1	4	3	3	2	1	7
8	12	1	2	0	0	1	0	3	0	4	1	1	0
9	4	1	2	0	0	1	2	3	1	2	1	1	0
12	5	0	0	0	0	2	1	0	0	1	4	1	0
13	5	1	1	1	3	3	1	0	4	1	0	3	1
15	8	0	0	1	4	2	0	0	2	0	1	1	3
18	5	0	0	0	0	2	2	2	1	0	1	1	2
全体	102	6	6	7	12	21	11	23	16	21	18	13	29
		12		19		32		39		39		42	

* : p＜.05, ** : p＜.01.

は，認識や自覚のレベルが異なるためである。全体的に，リーダーの評価素点は，メンバーよりも高い（表 3-5）。

なお，表 3-5 に関する正判別率をチームサイズ S と L について示す。チームサイズ S における「リーダーによる気配り（要因 13）」で正判別率が高く，両者の認識差異が大きい（表 3-6）。

(2) 集団統合化要因（仮説モデル）

① 代表値の設定

社会科学のデータ処理において，常に問題とされる多重共線性をさけるために，各集団統合化要因内の相互に無相関な成分を活用して解析を行うために，主成分分析を行う。ここで，要因（P=20）ごとに構成されている質問項目における主成分の因子負荷量と固有値の推移は，すべてのチームサイズにおけるリーダーおよびメンバーで共通して類似していることが確認されている。

従って，解析においては，第Ⅰ主成分による合成変量を代表値として採用している。

78 第2部 生産現場からのチームワーク評価因子の抽出

表 3-6 リーダーとメンバーの正判別率（%）

集団統合化要因	質問項目数	チームサイズ	
		S	L
		リーダー：n＝108 メンバー：n＝201	リーダー：n＝98 メンバー：n＝195
5	5	60.19	57.68
6	10	56.31	65.53
8	12	58.58	59.04
9	4	52.43	58.02
12	5	45.31	53.92
13	5	72.49	64.51
15	8	64.72	69.28
18	5	55.99	59.73
集団統合化要因 (K＝20) の平均		56.41	59.62

② 代表値による関連性

　集団統合化要因ごとの第Ⅰ主成分に対応する代表値を順次目的変数にとり，全変数型による主成分重回帰分析によって得られた偏相関係数に基づき，各要因間の相互関係を考察する。ここで，各回帰式（リーダー：60式，メンバー：60 式の合計 120 式）の分散比 F0 は，おおむね危険率 1（%）で統計的に有意である。回帰式ごとに目的変数に対する各説明変数からなる線形式の自由度調整済みの重相関係数は，全回帰式（120 式）で統計的に有意な解析結果がほぼ得られている（危険率 5（%）水準：リーダー 57／60＝95（%），メンバー 55／60≒92（%））。ここで，大きな値を示した要因は，リーダー，メンバーともに「一体感（要因 6）」，「チームの雰囲気（要因 8）」，「人間関係（要因 9）」であり，他の要因で十分説明可能である。

　次に，要因間の関連性を偏相関係数により布置することにより，集団統合化要因間の相互関連性を考察する。ここで，各要因の関連性をより明確化させるために，偏相関係数は危険率 1（%）で統計的有意性が得られたもの（F0＞F (1, n-K：0.01)）だけに絞り込みを行っている。これらの布置では，各要因の関連性はチームサイズで異なり，リーダーとメンバーでも大きく異なってい

る。また，リーダー，メンバーおよびチームサイズに関係なく普遍的に共通して存在する関連性の連は，「一体感（要因6）⇔チームの雰囲気（要因8）⇔人間関係（要因9）」であり，チームワークの要と言える。リーダーのチームサイズを通じての共通の連は，「リーダーによる気配り（要因13）⇔リーダーによる作業指導（要因12）⇔作業遂行の能力（要因15）」である。これらは「目標達成機能（要因12）」および「作業要因（要因15）」を中心とする作業力指向の要因であり，リーダーとしての責任遂行のための認識といえる。次に，メンバーの共通の連は，「満足度（要因20）⇔モラール（やる気）（要因10）⇔作業遂行の能力（要因15）⇔リーダーによる気配り（要因13）」である。これらは，リーダーと同様の「作業力指向要因（要因15）」と「雰囲気（要因10，20）」に大別される。このように，メンバーは作業力指向要因と「雰囲気」によって，基本的な要因（要因6，8，9）とともにチーム作業における認識を構成している。全体的な共通要因（要因6，8，9と要因13，15）に着目すると，図3-3の「集団維持機能（要因6，13）」を指摘できる。各要因の関連性は，リーダーが簡潔であり，実際に作業を遂行するメンバーでは複雑である。いずれの場合も「集団維持機能」が存在しておりチーム作業がこれにより維持されている。さらにメンバーは，これに加えて「雰囲気（要因8，10，20）」が顕在化しており，こらの要因グループによって複雑な関係が維持されている（図3-4）。

③ 強い相互関係

　さらに，同様の手順でステップワイズ法により再検討し，より明確な相互関係を確認するために，目的変数に対する各説明変数の影響度合を標準偏回帰係数により考察する。各説明変数の取り込みにおいては，F＝4.0としている。これは，偏相関係数の検定において，$F (1,n-K : 0.05) < 4.0$によるものである。チームサイズすべてにおいて，各説明変数が取り込まれた結果を示す。特徴は，リーダーよりもメンバーにおいて多くの関係が存在することである。さらに，「チームの雰囲気（要因8）」に対する「人間関係（要因9）」および「モラール（やる気）（要因10）」に対する「作業遂行の能力（要因15）」の関係は，リーダーにおいてはチームサイズの増加とともに強化されるのに対し，

80 第 2 部 生産現場からのチームワーク評価因子の抽出

図 3-4 集団統合化要因の相互関係／リーダー（偏相関係数）

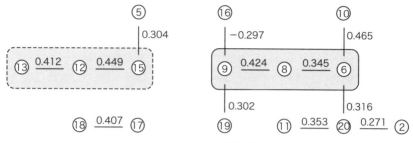

n=108, K=20, F0＞F(1,88;0.01)=6.932
リーダー S

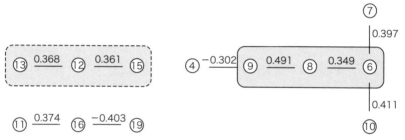

n=92, K=20, F0＞F(1,72;0.01)=7.001
リーダー M

n=98, K=20, F0＞F(1,78;0.01)=6.971
リーダー L

第3章 集団力学 *81*

図3-4 集団統合化要因の相互関係／メンバー（偏相関関係数）（続き）

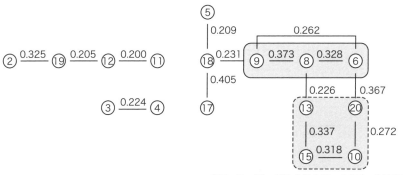

n=201, K=20, F0>F(1,181;0.01)=6.777
メンバー S

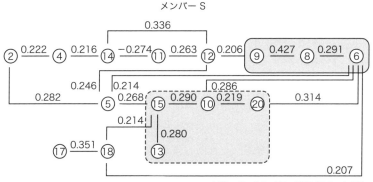

n=189, K=20, F0>F(1,169;0.01)=6.787
メンバー M

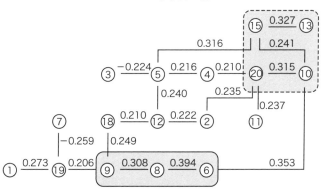

n=195, K=20, F0>F(1,175;0.01)=6.782
メンバー L

82　第2部　生産現場からのチームワーク評価因子の抽出

表 3-7　チームサイズの増加に対する集団統合化要因間の相互関係の傾向

傾向 (S → M → L)	構成員	集団統合化要因
増加	リーダー	8[9]，10[15]
	メンバー	5(12)，6(8，10)，7(19)＊，10(6)，15(5)，20(11)
減少	リーダー	6[10]，7[14]，10[6]，15[12]，18[17]
	メンバー	8(9)，10(15)，12(13)
一定	メンバー	1(17)，19(9)

＊マイナス方向で増加，[　　]：リーダーの説明変数，(　　)：メンバーの説明変数。

メンバーは逆にその関係が弱くなっている。これは，前述したようにリーダーにおいては作業力指向および管理者としての自覚が働いているためである。これとは逆に「一体感（要因6）」に対する「モラール（やる気）（要因10）」（「モラール」に対する「一体感」の関係も可能）の関係は，メンバーにおいて強化されるが，リーダーでは逆に弱くなっている。これは純然たる作業者であるメンバーは，チームサイズの増加とともに「集団維持機能」を強化していくことを示す。このように，リーダーは作業力指向が管理者としての自覚と一種のトレードオフとなり，関係が弱くなる（表3-7）。

(3)　集団統合化要因　（設定モデル）

　各解析で共通的にみられた顕著な特徴を持つ要因は，いずれも「チーム作業環境」内の要因である。仮説モデルとしての集団統合化要因（図3-3 参照）に対してさらに詳細に解析を行い，チームワーク評価因子を抽出するための設定モデルとしての集団統合化要因を規定する。

① 　代表値に対する検討

　5.1(2)で設定された代表値に対して，再度主成分分析を行う。リーダーおよびメンバーともに，チームサイズを通じて固有値の推移は非常に類似しており，各主成分に対応する集団統合化要因（P＝20）の因子負荷量行列も類似していることが確認されている。

② 　代表値による布置

　固有値に対応する因子負荷量行列に着目し，第Ⅰ主成分に対応する因子負荷

量を横軸にとり，第Ⅱ主成分に対応する因子負荷量を縦軸にとり，基準バリマックス回転を行った後の布置を示す。いずれのチームサイズにおいても共通のパターン分類が可能である。これらは図3-3における「組織的環境（要因1，2，3，4）」と「チーム作業環境(1)（要因7，14，16）」，さらに「チーム作業環境(2)（要因5，6，8，9，10，11，12，13，15，17，18，19，20）」に層別可能である。特に，「チーム作業環境(2)」は，前述の考察でも指摘しているように，いずれも特徴ある要因であり，チーム作業におけるチームワークの要因と考えられる。

　布置は，「チーム作業環境(1)」と「組織的環境」がリーダー，メンバーおよびチームサイズを通じて，他の要因からは大きく分離していることを確認できる。作業チーム自身のチームワークとは一歩離れた外的要因と判断される。さらに，「組織的環境」の各要因は，リーダーおよびメンバーともにチームサイズM（8〜13人，最頻値：11人）で最も明確に分離されている。チームサイズは10人前後が良好という経験則を裏付けするものと考えられる（図3-5）。

③　チームワーク評価因子を抽出するための集団統合化要因の設定モデルの設定

　さらに，「チーム作業環境(2)」の要因は，リーダーおよびメンバーともにチームサイズ全体にわたって第Ⅰ主成分で最大の因子負荷量を示しており，この軸はチームワークと解釈できる。従って，実際に生産現場でのものづくりを行っているチーム作業が認識している，チームワークを評価すべき集団統合化要因は，「チーム作業環境(2)（要因5，6，8，9，10，11，12，13，15，17，18，19，20）」と考えられる（表3-8）。

(4)　チームワーク評価因子の抽出

① 代表値による布置

　「チーム作業環境(2)」（P=13）に対して図3-5と同様の手順で解析を行い，作業力と凝集力への層別の可能性を探る。横軸（第Ⅰ主成分）は，前項の考察により「チームワーク（良⇔悪）」として解釈可能であり，縦軸（第Ⅱ主成分）は，生産性を維持あるいは向上させるためのアプローチとしての「生産性指向（作業力⇔凝集力）」の軸として解釈可能である。これは，各質問項目の内容に

84　第2部　生産現場からのチームワーク評価因子の抽出

図3-5　集団統合化要因の設定モデルの設定 / チームサイズ S

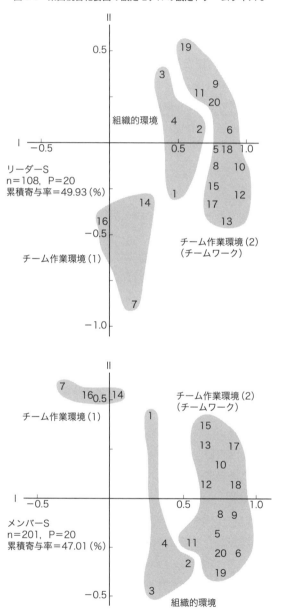

図 3-5 集団統合化要因の設定モデルの設定/チームサイズ M （続き）

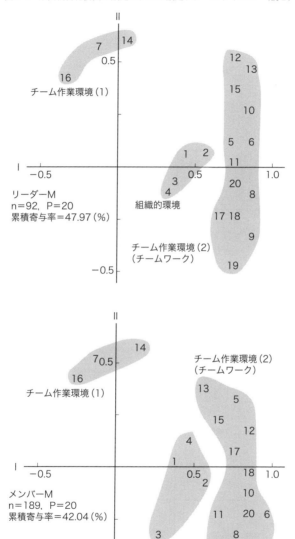

86　第2部　生産現場からのチームワーク評価因子の抽出

図3-5　集団統合化要因の設定モデルの設定／チームサイズL　（続き）

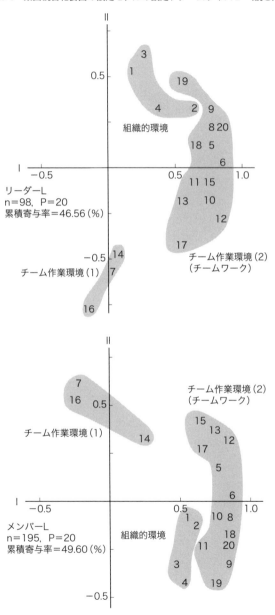

第3章 集団力学 *87*

**表 3-8 チームワーク評価因子を抽出するための
集団統合化要因の設定モデルの設定** (P＝20)

組織的環境		1	チームサイズの適正度 （4）
		2	命令系統の明確性 （3）
		3	関連部門からの圧力 （3）
		4	作業環境・レイアウト （4）
チーム作業環境	(1)	7	メンバー内の非公式な順位付け （2）
		14	リーダーの権限 （3）
		16	生産性への影響 （3）
	(2)	5	作業管理の状態 （5）
		6	一体感 （10）
		8	チームの雰囲気 （12）
		9	人間関係 （4）
		10	モラール（やる気） （6）
		11	直属の上司による作業指導 （5）
		12	リーダーによる作業指導 （5）
		13	リーダーによる気配り （5）
		15	作業遂行の能力 （8）
		17	作業確認 （5）
		18	作業上の相互補完 （5）
		19	作業上の相互干渉 （4）
		20	満足度 （6）

（　）：質問項目数。

基づいており，生産性に直接的に結びつく作業管理の理解，作業への理解，必要とされる支援と，これらを維持運営するための作業チーム自体のまとまりによる命名である。特徴は，リーダーにおいてはチームサイズSとLで作業力と凝集力の層別が明確であるのに対し，チームサイズMでは両者が混在している。このようにリーダーの認識は，チームサイズが一定の規模以下か以上であればチームワークを作業力と凝集力の両者に明確に層別することが可能である。しかし，チームサイズが10人前後では，リーダーの管理能力が限界に近いため，両者の認識を明確に区別することは不可能となる。作業チームが小規模の場合，リーダーは余裕を持って作業力と凝集力の両者を明確に認識することができる。また，チームが大規模の場合（本研究では，チームサイズL：14〜80人，最頻値：16）には，リーダーの補佐役としてサブリーダーが生成

されているので，チームはサブリーダーの下で分割され小規模の場合に似てくる[3]。次に，メンバーにおいては，チームサイズ M で最も明確に作業力と凝集力が分離されており，リーダーの場合とはまったく逆である。実際に作業を遂行するメンバーは，チームの規模が小さくても大きくともチームワークに対する認識は混在する傾向がある。基準バリマックス回転を行った後の布置を示す（図 3-6）。

図 3-6 から，「チーム作業環境(2)」（P＝13）は，作業力と凝集力に層別可能であり，これらをチームワーク評価因子として定義する（表 3-9）。

② チームワークの緊密性

図 3-6 の各チームワーク評価因子の座標点を与えた因子負荷量の値に基づき，チームワークの緊密性について考察する。縦軸の生産性指向における距離⑥は，近似しており傾向は認められない。横軸は，チームワークにおける距離③で差異がみられ，リーダーはチームサイズの増加とともに減少し集中する傾向がある。逆に，メンバーは，増加し拡散する傾向がある。全体の傾向（面積⑦）も同様である。リーダーの集中傾向には「作業上の相互干渉（因子19）」，メンバーの拡散傾向には「一体感（因子6）」の影響が大きい。このように，リーダーにおいては，凝集力（因子6，8，19）によってチームワーク

表 3-9 チームワーク評価因子の設定

生産性指向	チームワーク評価因子 （P＝13）
作業力 （P＝6）	作業管理の状態 （因子5） 直属の上司による作業指導 （因子11） リーダーによる作業指導 （因子12） リーダーによる気配り （因子13） 作業遂行の能力 （因子15） 作業確認 （因子17）
凝集力 （P＝7）	一体感 （因子6） チームの雰囲気 （因子8） 人間関係 （因子9） モラール（やる気） （因子10） 作業上の相互補完 （因子18） 作業上の相互干渉 （因子19） 満足度 （因子20）

第3章 集団力学　89

図3-6　チームワーク評価因子の布置／チームサイズ S

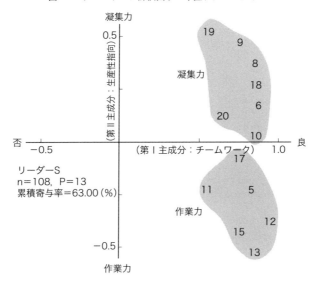

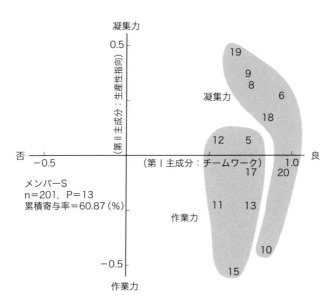

図 3-6 チームワーク評価因子の布置／チームサイズ M（続き）

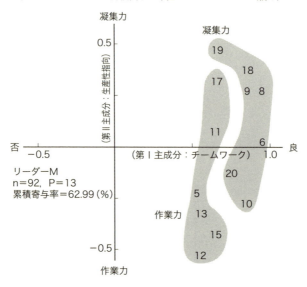

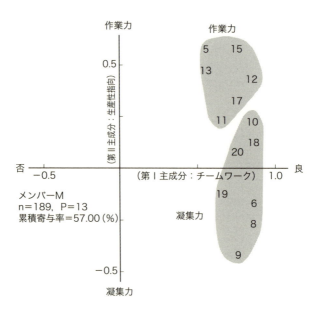

第 3 章　集団力学

図 3-6　チームワーク評価因子の布置 / チームサイズ L（続き）

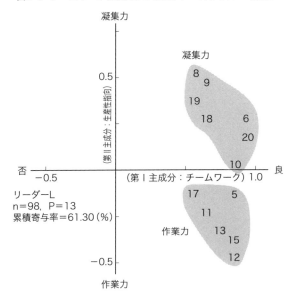

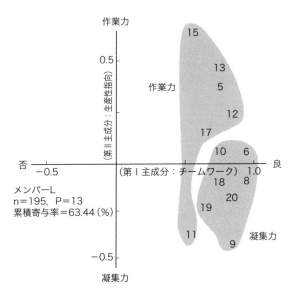

92　第2部　生産現場からのチームワーク評価因子の抽出

が強化されるのに対し，メンバーでは，作業力（因子11, 13, 15）によって
チームワークの結びつきが弱体化している。リーダーは，凝集力に重点を置い
てチームワークを維持しようと試みているのに対し，メンバーは作業力を中心
としてチームワークを維持しようとしているが，チームサイズの増加により認
識が低下している（表3-10）。

表3-10　チームワークの緊密性

構成員 緊密性 チームサイズ	累積寄与率 (1) (%)	第Ⅰ主成分(横軸)：チームワーク　（良⇔否）					
		正方向の極値		負方向の極値		距離 ③＝ ①－②	傾向
		因子負荷量 ①	因子	因子負荷量 ②	因子		
リーダー　S(n=108)	63.00	0.84	6	0.47	19	0.37	
リーダー　M(n=92)	62.99	0.87	8	0.58	19	0.29	集中
リーダー　L(n=98)	61.30	0.84	12	0.55	19	0.29	
メンバー　S(n=201)	60.87	0.85	6	0.57	11	0.28	
メンバー　M(n=189)	57.00	0.85	6	0.50	13	0.35	拡散
メンバー　L(n=195)	63.44	0.89	6	0.42	15	0.47	

構成員 緊密性 チームサイズ	累積寄与率 (1) (%)	第Ⅱ主成分(縦軸)：生産性指向(作業力⇔凝集力)						全体	
		正方向の極値		負方向の極値		距離 ⑥＝ ④－⑤	傾向	面積 ⑦＝ ③×⑥	傾向
		因子負荷量 ④	因子	因子負荷量 ⑤	因子				
リーダー　S(n=108)	63.00	0.52	19	−0.47	13	0.99		0.366	
リーダー　M(n=92)	62.99	0.49	19	−0.59	12	1.08	なし	0.313	集中
リーダー　L(n=98)	61.30	0.58	8	−0.33	12	0.91		0.264	
メンバー　S(n=201)	60.87	0.47	19	−0.61	15	1.08		0.302	
メンバー　M(n=189)	57.00	0.55	15	−0.32	9	0.87	なし	0.305	拡散
メンバー　L(n=195)	63.44	0.76	15	−0.23	9	0.99		0.465	

(1)第Ⅱ主成分までの累積寄与率。

5.2 チーム作業の3属性に基づくチームワーク評価因子の抽出

(1) チーム作業の属性

我が国の製造産業におけるチーム作業に関する一連の研究から得られた知見に基づき総合的な考察を行い，生産現場におけるチームワークを評価するチームワーク評価因子を仮説モデルとしての集団統合化要因[3], [10]~[13]から抽出する。解析においては，チーム作業の編成要因[3]として，チームサイズ[11]~[13]，協同作業比率，さらに直接作業比率[10]である。

ここで，協同作業比率および直接作業比率における回答者は，実際の作業チームとして管理可能なチームサイズであるチームサイズモデルSおよびMから引用している（表3-11）。

(2) 集団統合化要因（確定モデル）

① 傾向

図3-3の各質問項目（p＝102）の評価素点を要因レベル（P＝20）で整理し，平均値を求め，傾向が明らかな因子のみを示す。特徴は，チームサイズは前述したように，その増加とともに各要因に対する認識は低下する傾向がある。一方，協同作業比率や直接作業比率の増加は，認識を増加させる傾向にある。協同作業の増加は，チーム内の構成員のチームワークは増加させる。さら

表3-11　チーム作業の属性モデル

属性	水準		回答者　（人）		備考
			リーダー	メンバー	
チーム サイズ （人）	S	2~7	108	201	
	M	8~13	92	189	—
	L	14~80	98	195	
協同作業 比率(%)	A	0~19	48	94	
	B	20~49	48	94	
	C	50~79	32	70	チームサイズ Lを除く SとMより 編成
	D	80~100	58	106	
直接作業 比率(%)	A	0~29	42	82	
	B	30~69	45	86	
	C	70~99	50	97	
	D	100	50	90	

に，リーダーの直接作業の増加は，メンバーとの接触を増加させるために，メンバーはリーダーに対してより強い一体感を持つようになる。このように，チームサイズには一定の限度を設ける必要があり，協同作業比率や直接作業比率は，作業編成時のチームワークへの対応が重要である（表 3-12）。

② 強い相互関係

5.1 と同様の手順でチーム作業の 3 属性について確認する。各要因における第 I 主成分による合成変量を代表値としている。次に，要因間の相互関係を確認するために，これらの代表値を順次説明変数から目的変数へと入れ換えることにより，重回帰分析（ステップワイズ法）を行い，目的変数に対する各説明変数の影響度合を標準偏回帰係数により考察している。層別モデルごとの全体を通じて説明変数が取り込まれた結果に基づく相互関係を示す。層別モデルを通じて共通的に確認された相互関係は，リーダーでは「一体感（要因 6）」と「モラール（やる気）（要因 10）」の関係，メンバーでは「チームの雰囲気（要因 8）」と「人間関係（要因 9）」の関係である。さらに，メンバーにおける「リーダーによる気配り（要因 13）」と「作業遂行の能力（要因 15）」や「モラール（要因 10）」と「作業遂行の能力（要因 15）」の関係も強い。これらは，特徴のある要因として位置づけることができ，主要なチームワーク因子間の相互関係となる（表 3-13）。

(3) チームワーク評価因子の確定

要因ごとの代表値に対する主成分分析による第 I 主成分と第 II 主成分の因子負荷量に基づく布置では，集団統合化要因は，リーダーおよびメンバーともに全ての層別モデル（チームサイズ：3 水準，協同作業比率：4 水準，直接作業比率：4 水準，計 11 水準）において 3 グループ（「組織的環境（要因 1，2，3，4）」，「チーム作業環境 (1)（要因 7，14，16）」，「チーム作業環境(2)（要因 5，6，8，9，10，11，12，13，15，17，18，19，20）」）に明確に分類される[4],[10]~[13]。さらに，層別モデルの水準ごとに第 I 主成分で最大の因子負荷量を示す要因を〇印で示す[10],[12]。特徴は，層別モデルごとのパターンがリーダーおよびメンバーともに類似しており，「チーム作業環境(2)」をチームワーク評価因子（P＝13）として抽出することが可能である（表 3-14）。

第3章　集団力学　　*95*

表 3-12　**チーム作業属性に対する集団統合化要因の傾向　（平均値）**

属性	傾向(1)	構成員		集団統合化要因　（質問項目数）
チームサイズ （S→M→L）	低下	リーダー メンバー	1 3 8 9 10 15 18 20	チームサイズの適正度　（4） 関連部門からの圧力　（3） チームの雰囲気　（12） 人間関係　（4） モラール（やる気）　（6） 作業遂行の能力　（8） 作業上の相互補完　（5） 満足度　（6）
		リーダー	19	作業上の相互干渉　（4）
		メンバー	5 6 7 11 12 13 17	作業管理の状態　（5） 一体感　（10） メンバー内の非公式な順位付け　（2） 直属の上司による作業指導　（5） リーダーによる作業指導　（5） リーダーによる気配り　（5） 作業確認　（5）
	増加	リーダー	11 14	直属の上司による作業指導　（5） リーダーの権限　（3）
協同作業比率 （A→B→C→D）	増加	リーダー メンバー	13 18	リーダーによる気配り　（5） 作業上の相互補完　（5）
		リーダー	16	生産性への影響　（3）
		メンバー	6 7 8 9 10 11 15	一体感　（10） メンバー内の非公式な順位付け　（2） チームの雰囲気　（12） 人間関係　（4） モラール（やる気）　（6） 直属の上司による作業指導　（5） 作業遂行の能力　（8）
直接作業比率 （A→B→C→D）	増加	メンバー	8 9 19	チームの雰囲気　（12） 人間関係　（4） 作業上の相互干渉　（4）

(1)チーム作業の属性が増加する過程（チームサイズ：S→M→L，協同作業比率，直接
作業比率：A→B→C→D）に対する集団統合化要因の平均値の傾向を示す。

　次に，表 3-14 をカテゴリーデータとして数量化し，層別モデル別および全
体の計 4 種類に対して，リーダーおよびメンバーを通じてクラスター分析を行

96　第2部　生産現場からのチームワーク評価因子の抽出

表 3-13　集団統合化要因の相互関係

属性	構成員	集団統合化要因の相互関係(1)	
チームサイズ (S→M→L)	リーダー	6 一体感	←→ 8 チームの雰囲気
		6 一体感	←→ 10 モラール(やる気)
		8 チームの雰囲気	←→ 9 人間関係
		12 リーダーによる作業指導	←→ 13 リーダーによる気配り
		12 リーダーによる作業指導	←→ 15 作業遂行の能力
	メンバー	2 命令系統の明確性	←→ 5 作業管理の状態
		5 作業管理の状態	←→ 12 リーダーによる作業指導
		6 一体感	←→ 8 チームの雰囲気
		6 一体感	←→ 10 モラール(やる気)
		8 チームの雰囲気	←→ 9 人間関係
		9 人間関係	←→ 19 作業上の相互干渉
		10 モラール(やる気)	←→ 15 作業遂行の能力
		10 モラール(やる気)	←→ 20 満足度
		11 直属の上司による作業指導	←→ 20 満足度
		12 リーダーによる作業指導	←→ 13 リーダーによる気配り
		13 リーダーによる気配り	←→ 15 作業遂行の能力
協同作業比率 (A→B→C→D)	リーダー	6 一体感	←→ 10 モラール(やる気)
		17 作業確認	←→ 18 作業上の相互補完
	メンバー	6 一体感	←→ 20 満足度
		8 チームの雰囲気	←→ 9 人間関係
		13 リーダーによる気配り	←→ 15 作業遂行の能力
直接作業比率 (A→B→C→D)	リーダー	6 一体感	←→ 10 モラール(やる気)
		8 チームの雰囲気	←→ 9 人間関係
	メンバー	6 一体感	←→ 8 チームの雰囲気
		8 チームの雰囲気	←→ 9 人間関係
		10 モラール(やる気)	←→ 15 作業遂行の能力
		17 作業確認	←→ 18 作業上の相互補完

(1)F＝4.0：偏相関係数の検定において，$F_{(1, n-P : 0.05)} < 4.0$。

う。ここで，類似度4水準（類似比，一致係数，ラッセル・ラオ係数，ファイ係数），クラスター分類基準3水準（最短距離法，最長距離法，重心法）の組み合わせにより解析を行い確認している。最終的に，最も妥当性が得られた類似比，（類似度），最長距離法（クラスター分類基準）を採用している。図中の主要なチームワーク要因は，いずれも「チーム作業環境(2)」に含まれており，チームワーク上重要な要因である。特徴は，リーダーは図3-3の「雰囲気（要

第3章　集団力学　97

表 3-14　チーム作業属性を通じて第Ⅰ主成分で最大の因子負荷量を示す集団統合化要因
×：チーム作業属性を通じて確認不可，○：チーム作業属性を通じて確認可能.

集団統合化要因	チームサイズ (S→M→L)		協同作業比率 (A→B→C→D)		直接作業比率 (A→B→C→D)		「チームワーク評価因子」として抽出・採用
	リーダー	メンバー	リーダー	メンバー	リーダー	メンバー	
1　チームサイズの適正度	×	×	×	×	×	×	－
2　命令系統の明確性	○	○	×	×	×	○	
3　関連部門からの圧力	×	×	×	×	×	×	－
4　作業環境・レイアウト	×	×	×	×	×	×	－
5　作業管理の状態	○	○	○	○	○	○	●
6　一体感	○	○	○	○	○	○	●
7　メンバー内の非公式な順位付け	×	×	×	×	×	×	－
8　チームの雰囲気	○	○	○	○	○	○	●
9　人間関係	○	○	○	○	○	○	●
10　モラール(やる気)	○	○	○	○	○	○	●
11　直属の上司による作業指導	○	○	○	○	×	×	●
12　リーダーによる作業指導	○	○	○	○	○	○	●
13　リーダーによる気配り	○	○	○	×	○	×	●
14　リーダーの権限	×	×	×	×	×	×	－
15　作業遂行の能力	○	○	×	○	×	○	●
16　生産性への影響	×	×	×	×	×	×	－
17　作業確認	×	○	○	×	○	○	●
18　作業上の相互補完	○	○	○	○	○	○	●
19　作業上の相互干渉	×	○	×	○	×	○	●(1)
20　満足度	○	○	×	○	○	○	●

(1)その後，「作業上の相互補完」と一体化。

因8，10)」と「集団維持機能（要因6，13)」が取り込まれており，メンバーは「作業要因（要因5，15)」，「相互作用（要因18，19)」および「雰囲気（要因8，10，20)」が取り込まれており，両者は異なる。ものづくりに専念する作業者であるメンバーは，リーダー以上に作業に対する認識（作業要因，相互作用）がより強く，リーダーよりも主要チームワーク要因が多い（図3-7)。

(4)　チームワークの緊密性

　第Ⅱ主成分軸（縦軸）では，層別モデルを通じて距離はほぼ一定している。チームサイズはすでに前述しているが，協同作業比率は，リーダーおよびメン

図 3-7 主要チームワーク要因の確認 （チーム作業 3 属性全体に基づくクラスター）

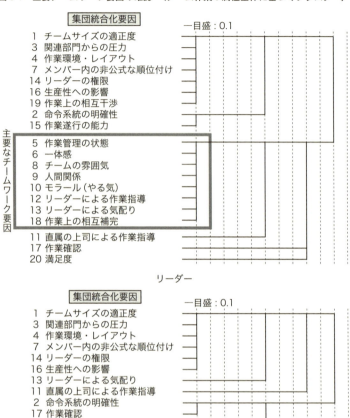

表 3-15　チームワークの緊密性(第 I 主成分(横軸):チームワーク(良⇔否))

緊密性／属性		リーダー					
		正方向の極値		負方向の極値		距離③=①-②	傾向
		因子負荷量①	因子	因子負荷量②	因子		
チームサイズ(人)	S	0.84	6	0.47	19	0.37	
	M	0.87	8	0.58	19	0.29	集中
	L	0.84	12	0.55	19	0.29	
直接作業比率(%)	A	0.88	6	0.37	11	0.51	
	B	0.91	6	0.14	15	0.77	なし
	C	0.87	12	0.67	20	0.20	
	D	0.82	10	0.43	19	0.39	

緊密性／属性		リーダー					
		正方向の極値		負方向の極値		距離⑥=④-⑤	傾向
		因子負荷量④	因子	因子負荷量⑤	因子		
チームサイズ(人)	S	0.85	6	0.57	11	0.28	
	M	0.85	6	0.50	13	0.35	拡散
	L	0.89	6	0.42	15	0.47	
直接作業比率(%)	A	0.85	6	0.06	13	0.79	
	B	0.91	6	0.46	11	0.45	集中
	C	0.82	18	0.39	11	0.43	
	D	0.84	8	0.59	19	0.25	

バーともにモデル D(協同作業比率:80～100%)で距離が最短でありチームワーク状態が最も良好であるが,明確な傾向は見られず,ここでは除外している。さらに,直接作業比率では,メンバーはその比率の増加とともに,その距離は減少し,チームワーク状態は良好となっているのが特徴である。これは,リーダーが作業に直接的に参加することは,作業チームの凝集力(要因 6, 8, 18, 19)を高めている(表 3-15)。

100　第 2 部　生産現場からのチームワーク評価因子の抽出

表 3-16　チームワーク評価因子の設定

生産性指向	チームワーク評価因子 (P＝13)	
作業力 (P＝6)	1	作業管理の状態
	2	直属の上司による作業指導
	3	リーダーによる作業指導
	4	リーダーによる気配り
	5	作業遂行の能力
	6	作業確認
凝集力 (P＝7)	7	一体感
	8	雰囲気
	9	人間関係
	10	モラール(やる気)
	11	作業上の相互補完
	12	作業上の相互干渉(1)
	13	満足度

(1)その後,「作業上の相互補完」と一体化。

(5)　チームワーク評価因子の定義

　チーム作業の 3 属性に基づいて抽出されたチームワーク評価因子（P＝13）の布置でも，チーム作業の残りの属性である協同作業比率と直接作業比率でもチームサイズと同様に，第 I 主成分（横軸）は「チームワーク（良⇔悪）」，第 II 主成分（縦軸）は「生産性指向（作業力⇔凝集力）」と解釈可能である[6], [7], [9], [10]。これらの布置においても作業力と凝集力は層別することが可能であり，最終的にチームワーク評価因子の定義を行うこととする（表3-16）。

　我が国の製造産業におけるほぼ全業種について社会調査を行い，チーム作業形態をとる作業チームについて集団力学の視点から考察した。集団統合化要因（P＝20）を仮説モデルから設定モデル，確定モデルへと整理し，チーム作業の 3 属性（チームサイズ，協同作業比率，直接作業比率）により多方面から考察し，チームワークを評価すべきチームワーク評価因子（P＝13）を抽出した。また，主成分分析により得られた集団統合化要因の代表値による相互関連性のなかには，共通的な連が存在し，チームワーク評価因子は，作業チームと

しての生産性向上アプローチである作業力（P=6）と凝集力（P=7）に層別可能であった。これは，従来のリーダーシップ理論におけるP（課題遂行）機能とM（集団維持）機能に対応するものであり，メンバーシップとして確認できた。このように，産業界の作業チームにおいて，チームワークの構成要因の相互関係を定量的に明確化させた意義は大きい。今後は，これらの知見をチーム生産性との関係で生かすことになる。

　本調査にあたっては，（財）日本科学技術連盟QCサークル本部の御協力を頂きました。　　　　　.

参考文献

[1]　Cartwright, D. and Zander, A. 著，三隅二不二，佐々木薫訳編『グループ・ダイナミックスⅠ，Ⅱ』誠信書房（1986）。

[2]　Shaw, M. E. 著，原岡一馬訳『小集団行動の心理』誠信書房（1987）。

[3]　野渡正博「グループ作業におけるリーダーの意識に関する調査」『日本経営工学会誌』337-343頁，Vol. 39, No. 5（1988）。

[4]　野渡正博「異なる役割構造をもつグループ作業に関する実験的考察」『日本経営工学誌』112-119頁，VOl.38, No. 2（1987）。

[5]　村杉健『作業組織の行動科学』税務経理協会（1987）。

[6]　若林　満・松原敏浩編『組織心理学』福村出版（1988）。

[7]　末永俊郎『集団行動』東京大学出版会（1978）。

[8]　三隅二不二『働くことの意味』有斐閣（1987）。

[9]　狩野素朗『個と集団の社会心理学』ナカニシヤ出版（1987）。

[10]　野渡正博「グループ作業における集団統合化要因の関連性―リーダーの作業参加による影響を中心として―」『産業・組織心理学研究』Vol. 3, No. 1, 7-17頁（1989）。

[11]　野渡正博「グループ作業における集団統合化要因の関連性―主成分回帰によるグループサイズ別の関連性およびチームワーク要因の抽出について―」『日本経営工学会誌』Vol. 41, No. 3, 153-164頁（1990）。

[12]　野渡正博「グループ・ダイナミックスとインダストリアル・エンジニアリング―社会心理学的アプローチによるチームワーク要因の抽出―」*IE Review*, 日本イングストリアル・エンジニアリング協会（JIIE）168号, Vol. 31, No. 5, 49-58頁（1990）。

[13]　野渡正博「社会心理学的アプローチによる製造産業におけるチームワーク要因の抽出」『玉川学園学術教育研究所所報』No. 18, 27-53頁（1991）。

第 3 部

ITD の構築と検証／国内

序章で提案した ITD の実証的検証である。1980 年代後半から 2000 年までの 10 年以上にわたる国内事例研究は，いずれも研究室ゼミ生による卒業研究の成果である。興味ある成果と知見が各事業所で生かされている。

第 4 章と第 5 章は，国内事例研究の自動車産業と縫製産業における生産現場の紹介である。作業チームの特徴は異なるが，業種を問わず ITD の実用性が確認されている。

第4章

自動車部品製造企業

1. はじめに

　ITD を自動車部品製造企業に適用し，生産現場でものづくりを行う作業
チームのチームワーク認識とチーム生産性およびチームワークの緊密性との関
係を実証的に検証する。さらに，作業チームから高生産性作業チーム群と低生
産性作業チーム群の二群を抽出し，チームワーク認識の差異を確認する。社会
システムと生産システムのそれぞれの評価尺度の融合に基づく労働の社会的意
味に重点を置いている。作業チームに対する労働密度強化により生産性向上を
進めた従来の問題点を解消し，作業チーム自体にマネジメント能力を持たせ，
フラットな組織によりその社会的能力の向上を目指す新次元の職務設計がその
背景である。レギュラシオン学派[1] や「アフター・フオーディズム」[2]，「フ
レキシビリティ」[3]，あるいは「労働の人間化」[4] を中心に議論が展開されて
いる。いずれもチームによる作業方式の重要性を指摘している。また，労働科
学[5]，産業心理学[6][7]，や経営学[8]，組織論[9]～[11]，また IE[12] と産業社会
学[13]～[18]のなかでもチームは注目すべきキー・ワードであるとの指摘が多
い。一方，一連の研究成果を通じて，産業界の作業チームにおけるチームワー
ク評価因子が抽出されており，興味ある知見が得られている[19]。

2. 研究対象企業

　東京証券取引所一部に上場されている自動車部品製造企業（資本金：約50
億円，年間売上高：約1,000億円，従業員数：約1,800名）であり，事業内容

は輸送用機器の部品，内装品，各種座席および座席部品，各種プレス部品，パイプ加工部品，樹脂部品，各種型，治工具，機械設備等の製造並びに販売であり，国内外に関連企業を含め約20工場を操業する業界大手企業である。さらに，作業内容はプレス，溶接，パイプ曲げ，レール組立，芯線入れ，裁断，縫製（ミシン），塗装，発泡，成形・接着，シート組立等の各工程から構成されている。

3. 作業チーム

　全国の生産現場の作業チームに対してチームワークに関するアンケート調査を行うとともに，この調査期間を含む当該期間の作業チームの生産性を生産技術部のご協力を得て，並行して解析を行っている。アンケート調査の回答者は，国内の作業チームに属するリーダーとその管理下にあるメンバーである。有効回答者数は506人，作業チーム数は30であり，公式の職制上の課に属する班である（後述，表4-2参照）。

4. チームワーク評価因子

　作業チームの生産性向上アプローチである作業力と凝集力により構成される（表4-1）。

　アンケート調査に対する回答方法は，チームワーク評価因子を構成している各質問項目に対する5段階評価（-2（非好意的回答），-1，0，1，2（好意的回答））である。

5. チーム生産性

　研究対象企業では，作業チームとしての生産性を最も良く表す尺度として総合効率を採用しており，作業チーム別，課別，工場別に日々評価し，各種管理活動も展開している。

第4章　自動車部品製造企業　*107*

表4-1　チームワーク評価因子

生産性指向 （P＝12，p＝79）	作業力 （P＝6，p＝32）	1　作業管理の状態（5） 2　直属の上司による作業指導（5） 3　リーダーによる作業指導（5） 4　リーダーによる気配り（5） 5　作業遂行の能力（8） 6　作業確認（4）
	凝集力 （P＝6，p＝47）	7　一体感（10） 8　雰囲気（12） 9　人間関係（4） 10　モラール（やる気）（6） 11　作業上の相互補完（9） 12　満足度（6）

チームワーク評価因子：12，質問項目数：79．（　）：各要因内の質問項目数を示す．

チーム生産性：総合効率（％）
＝（計画工数/総稼働工数）×100
＝（直接工数/総稼働工数）×（計画工数/直接工数）×100

ここで，
　総稼働工数：直接工数＋ロス工数，
　　直接工数：直接作業に従事した実績工数
　　ロス工数：朝礼，段取り，不良，機械故障，前後工程待ち，指示遅れ，
　　　棚卸，教育・訓練，班長業務，会議，改善等に費やされた工数
　　計画工数：標準時間×生産量，標準時間＝正味時間＋余裕時間

6.　解析および考察

6.1　チームワークの緊密性とチーム生産性

　極値間の距離が大きいほどチームワークの緊密性の値は大きくなり，チームワークの認識は低下し，チームの一体感は薄れることを意味する．両者の関係は，凝集力とチームワーク評価因子全体での関係が強い．つまり，各因子の拡散は，低いチーム生産性を生成し，逆に，チームワークの緊密性が小さいこと

108 第3部 ITDの構築と検証／国内

表4-2 チームワークの緊密性とチーム生産性

n＝30

チームワーク 評価因子	回帰式	相関係数
全体(P=12)	Y=1.859-0.015X*	-0.409*
作業力(P=6)	Y=1.439-0.011X-	-0.305a
凝集力(P=6)	Y=1.887-0.018X****	-0.605**

Y：チームワークの緊密性（距離），
X：チーム生産性（総合効率(%)）
a：p＜.10,*：p＜.05,**：p＜.01,****：p＜.001.

は，チームワークの認識の平均値は高く，バラツキは小さいことを意味し，その結果としてのチーム生産性は高い傾向にあることを確認できる（表4-2）。

チームワーク評価因子全体と作業力および凝集力について解析を行う。ここでは凝集力をを示す。チームワーク評価因子全体と作業力についても同様に確認されている[19]（表4-3）。

6.2 高生産性作業チーム群と低生産性作業チーム群

Good‐Poor分析により，作業チームの中から高いチーム生産性を持つ高生産性作業チーム群（回答者の上位20%，チーム：14，回答者：99人，平均チーム生産性：96.4（%））と低いチーム生産性である低生産性作業チーム群（回答者の下位20%，チーム：20，回答者：100人，平均チーム生産性：70.3（%））を抽出し，チームワーク評価因子に対する認識差異を確認する。チームワーク評価因子の平均値比較においては，「作業管理の状態（因子1）」，「モラール（やる気）（因子10）」，「作業上の相互補完（因子11）」の3因子を除く9因子において，上位作業チーム群でその値が大きい。また，平均値の差異が大きい因子は，いずれも作業力における「リーダーによる作業指導（因子3），（0.87－0.55＝0.32）」，「直属の上司による作業指導（因子2），（0.25）」，「リーダーによる気配り（因子4），（0.21）」である。しかし，判別分析におい

第4章 自動車部品製造企業 *109*

表 4-3 チームワークの緊密性とチーム生産性（凝集力）

n＝506

| 作業チーム | 構成員（回答者）（人） | 所在地（都県） | 作業内容 | 第Ⅰ主成分 | | | | チームワークの緊密性③＝①－② | チーム生産性（％） |
| | | | | 正方向の極値 | | 負方向の極値 | | | |
				因子負荷量①	評価因子番号	因子負荷量②	評価因子番号		（高い順）
1	18	東京	縫製（ミシン作業），シート組立	0.913	7	0.827	11	0.086	97.6
2	13	東京	レール組立	0.900	7	0.404	10	0.496	95.5
3	13	東京	溶接，裁断	0.950	7	0.750	12	0.200	94.9
4	24	埼玉	シート組立，溶接	0.895	11	0.571	12	0.324	93.7
5	23	愛知	溶接，成形，接着，シート組立	0.876	7.9	0.720	8	0.156	93.1
6	18	東京	シート組立	0.858	7	0.599	11	0.259	92.1
7	25	東京	溶接，パイプ曲げ	0.939	10	0.778	9	0.161	90.8
8	15	東京	プレス，レールサブアッセンブリー	0.817	12	0.436	11	0.381	90.2
9	15	東京	シート組立	0.904	11	0.549	9	0.355	88.9
10	23	神奈川	シート組立	0.854	8	0.684	7	0.170	88.4
11	21	神奈川	溶接	0.912	8	0.786	12	0.126	88.1
12	17	埼玉	シート組立	0.890	11	0.600	8	0.290	87.9
13	18	東京	溶接，パイプ曲げ	0.880	12	0.551	9	0.329	87.5
14	19	愛知	溶接	0.879	11	0.587	12	0.292	87.2
15	13	東京	シート組立	0.904	11	0.537	7	0.367	86.3
16	18	東京	シート組立	0.938	8	0.641	10	0.297	85.9
17	14	東京	シート組立	0.913	11	0.563	10	0.350	84.8
18	17	東京	縫製（ミシン作業）	0.921	11	0.352	9	0.569	81.4
19	19	栃木	シート組立	0.915	7	0.754	11	0.161	79.5
20	14	三重	溶接，成形，接着，シート組立	0.917	12	0.364	11	0.553	76.5
21	18	東京	縫製（ミシン作業）	0.957	11	0.609	12	0.348	75.6
22	15	東京	溶接，塗装	0.979	7	0.936	9	0.043	75.5
23	17	東京	縫製（ミシン作業）	0.881	10	0.441	12	0.440	75.2
24	17	三重	シート組立	0.888	11	0.012	10	0.876	73.9
25	12	三重	シート組立	0.935	12	0.388	7	0.547	73.9
26	13	東京	裁断，縫製（ミシン作業），芯線入れ	0.926	9	0.834	12	0.092	73.5
27	12	愛知	シート組立，成形，接着	0.872	7	0.589	9	0.283	73.0
28	13	埼玉	発泡	0.775	11	-0.341	10	1.116	72.8
29	14	愛知	シート組立	0.956	10	0.170	11	0.786	69.3
30	18	栃木	溶接	0.865	9	-0.246	11	1.111	60.3

110　第3部　ITD の構築と検証／国内

表 4-4　第Ⅰ主成分の寄与率

チームワーク評価因子		作業チーム群	高生産性 (n=99)	低生産性 (n=100)
作業力 (P=6, p=32)	1	作業管理の状態 (5)	73.88	68.23
	2	直属の上司による作業指導 (5)	62.10	66.54
	3	リーダーによる作業指導 (5)	74.79	74.15
	4	リーダーによる気配り (5)	77.20	77.81
	5	作業遂行の能力 (8)	57.30	62.78
	6	作業確認 (4)	76.55	69.96
		平均	70.30	69.91
凝集力 (P=6, p=47)	7	一体感 (10)	48.01	59.17
	8	雰囲気 (12)	62.35	67.23
	9	人間関係 (4)	79.97	79.90
	10	モラール (やる気) (6)	55.26	54.56
	11	作業上の相互補完 (9)	50.51	54.61
	12	満足度 (6)	57.49	60.94
		平均	58.93	62.74
		全体平均	64.62	66.33

（　）：各評価因子内の質問項目数.

ては顕著な特徴はない。次に，両者に対して主成分分析を行い，各チームワーク評価因子の第Ⅰ主成分での累積寄与率を確認する（表 4-4）。

　さらに，第Ⅰ主成分の合成変量に対して重回帰分析を行い，偏相関係数により因子間の関連性について考察する。ここでは，高生産性作業チーム群と低生産性作業チーム群で共通的に確認された関係のみを示す。作業力では，「リーダーによる作業指導（因子3）」を中心としてチーム生産性の向上とともに，いずれの関連性も減少する傾向がある。凝集力では「雰囲気（因子8）」と「人間関係（因子9）」の関係はチーム生産性の向上とともに強化する傾向にある。同様にして，作業力と凝集力との関係では，「作業管理の状態（因子1）」と「一体感（因子7）」はチーム生産性の向上とともに強化されている（表4-5）。

　さらに，第Ⅰ主成分に基づく因子負荷量によりチームワークの緊密性を確認する。特徴は，いずれも低生産性作業チーム群で緊密性の値が大きく，高生産

第4章　自動車部品製造企業　*111*

表4-5　チームワーク評価因子の強い相互関係（偏相関係数）

チームワーク評価因子	作業チーム群	高生産性 (n=99) ①	低生産性 (n=100) ②	相互関係 ③= ①-②	傾向
作業力	2　直属の上司による作業指導 3　リーダーによる作業指導	0.355**	0.435**	-0.080	増加
	3　リーダーによる作業指導 4　リーダーによる気配り	0.554**	0.714**	-0.160	増加
凝集力	8　雰囲気 9　人間関係	0.546**	0.471**	0.075	低下
作業力と 凝集力	1　作業管理の状態 7　一体感	0.508**	0.372**	0.136	低下

*：p＜.05，**：p＜.01.

表4-6　チームワークの緊密性

チームワーク 評価因子	作業 チーム群	極値間の距離((1),(2))		緊密性	
		高生産性 (n=99) ①	低生産性 (n=100) ②	③= ①-②	傾向
全体（P=12）		0.259(1,7)	0.384(3,5)	-0.125	拡散
作業力(P=6)		0.191(1,5)	0.384(3,5)	-0.193	拡散
凝集力(P=6)		0.148(7,12)	0.222(8,11)	-0.074	拡散

(1)プラス方向の極値の因子負荷量を持つチームワーク評価因子の番号.
(2)マイナス方向の極値の因子負荷量を持つチームワーク評価因子の番号.

性作業チーム群でその値は小さい。さらに，凝集力は作業力よりもチームワークのも緊密性は強い（表4-6）。

　次に，両者間のチームワーク評価因子を構成する各質問項目に対する認識差を確認するために，分散と平均値の大小関係を比較する。分散の比較では，高生産性作業チーム群は全体の約15（％）（12/79=0.152）で大きく，残りの約85（％）で低生産性作業チーム群が大きい。これとは逆に平均値の比較では，高生産性作業チーム群で全体の約70（％）（55/79=0.696）を占め，チームワークに対する回答は好意的である（表4-7）。

112　第3部　ITDの構築と検証／国内

表4-7　分散と平均値の比較

チームワーク評価因子		質問項目	評価(1)	
			分散	平均値
作業力	1　作業管理の状態	5	4	2
	2　直属の上司による作業指導	5	0	5
	3　リーダーによる作業指導	5	0	5
	4　リーダーによる気配り	5	0	5
	5　作業遂行の能力	8	1	4
	6　作業確認	4	0	4
	小計	32	5	25
凝集力	7　一体感	10	1	8
	8　雰囲気	12	1	8
	9　人間関係	4	1	4
	10　モラール(やる気)	6	2	2
	11　作業上の相互補完	9	2	3
	12　満足度	6	0	5
	小計	47	7	30
	合計	79	12	55

(1)高生産性(n=99)＞低生産性(n=100).

　さらに，等分散の検定（分散比：F0）において統計的有意性の得られた質問項目は，作業力の因子（「直属の上司による作業指導（因子2）」，「リーダーによる作業指導（因子3）」，「作業遂行の能力（因子5）」）に属する質問項目が多く，いずれも低生産性作業チーム群で分散の値が大きい。確認された質問項目は，凝集力よりも作業力で多い（表4-8）。

　また，平均値のWelchによる検定（t0）においては，いずれも高生産性作業チーム群で平均値は大きい。確認された質問項目は，凝集力よりも作業力で多い。分散と同様に，作業力では直属の上司やリーダーによる作業指導，凝集力ではまとまりの良さに有意差が認められる（表4-9）。

　作業チームにおけるチームワークの緊密性とチーム生産性との関係を考察した。高生産性作業チーム群はチームワークの緊密性は強く，低生産性作業チーム群はその緊密性が拡散する傾向がある。また，作業チームの凝集力は，作業力よりもチーム生産性に与える影響は大きい。また，チームワーク評価因子を

第4章 自動車部品製造企業 *113*

表4-8 等分散の検定／質問項目（分散比：F0）

チームワーク評価因子（質問項目数）／質問項目番号，質問内容	高生産性 (n＝99)	低生産性 (n＝100)
2 直属の上司による作業指導（5）		
1 あなたの直属の上司は，職場の目標をメンバーに教えていますか．	0.85	1.30*
3 あなたの直属の上司は，仕事や作業のやり方についてメンバーを指導していますか．	0.81	1.35*
3 リーダーによる作業指導（5）		
3 あなたのリーダーは，仕事や作業のやり方をメンバーに指導していますか．	0.69	1.12*
4 あなたのリーダーは，仕事のことでメンバーと打ち合せをしていますか．	0.61	1.21**
4 リーダーによる気配り（5）		
1 あなたのリーダーは，メンバーの気持ちを考えて仕事をしていますか．	0.81	1.25*
5 作業遂行の能力（8）		
7 あなたは，他のメンバーの性格を把握して作業を行っていますか．	0.61	0.96*(1)
8 あなたのチームメンバーは，他のメンバーの作業能力を把握して仕事を行っていますか．	0.64	1.08**
7 一体感 （10）		
1 あなたのチームメンバーは，お互いにあいさつを行っていますか．	0.85	1.35*
8 雰囲気（12）		
5 あなたのチームでは，仕事をしている時の雰囲気はまじめですか．	0.55	0.90*
10 モラール（やる気）（6）		
2 あなたのチームは，今の仕事をやりがいのある仕事だと思っていますか．	0.67	1.14**
12 満足度（6）		
3 あなたのチームメンバーは，今のリーダーや直属の上司のもとで働くことに満足していますか．	0.67	1.00*

作業力（2〜5），凝集力（7〜12）

(1)最新版では，削除されている質問項目．

* : $p < .05$, ** : $p < .01$.

構成する各質問項目に対する認識は，両者間で統計的有意差を確認でき，チーム生産性と関係があることも確認された。また，チーム生産性向上には，作業力に重点を置く教育指導や活性化が必要であることも確認された。

　産業界におけるチームワークに対するアプローチは，システム構築がなされておらず，研究の遅れが目立つ。将来の生産性向上を考える時，ハードウェアやソフトウェアに次ぐ第三の評価システムとしてのチームワークマネジメントであるヒューマンウェアを構築することが重要である。従来の個人レベルでの経験と勘ではマネジメントは不可能であり，産業界には大きな機会損失が残留したままである。

114   第3部　ITD の構築と検証 / 国内

表 4-9　平均値の差に関する検定 / 質問項目（平均値 / Welch による検定法：t0）

チームワーク評価因子（質問項目数）/ 質問項目	高生産性 (n=99)	低生産性 (n=100)
2 直属の上司による作業指導(5)		
1 あなたの直属の上司は，職場の目標をメンバーに教えていますか．	0.75	0.30**
2 あなたの直属の上司は，仕事の種類や内容をメンバーに計画的に教えていますか．	0.70	0.40*
3 リーダーによる作業指導(5)		
1 あなたのリーダーは，職場の目標をメンバーに教えていますか．	0.79	0.43*
2 あなたのリーダーは，仕事の種類や内容をメンバーに計画的に教えていますか．	0.90	0.54**
3 あなたのリーダーは，仕事や作業のやり方をメンバーに指導していますか．	1.00	0.73*
4 あなたのリーダーは，仕事のことでメンバーと打ち合せをしていますか．	0.86	0.44**
6 作業確認(4)		
2 あなたのチームでは，作業に対する評価や分析などの意見が出ていますか．	0.57	0.30*
7 一体感　(10)		
1 あなたのチームメンバーは，お互いにあいさつを行っていますか．	0.99	0.66*

作業力（2〜6）／凝集力（7）

＊：p ＜ .05，＊＊：p ＜ .01

参考文献

［1］　バンジャマン・コリア著，花田昌宣・斉藤悦則訳『逆転の思考，日本企業の労働と組織』藤原書店（1992）．

［2］　いいだもも・山田鋭夫編『アフター・フォーディズムと日本』御茶の水書房（1992）．

［3］　京谷栄二『フレキシビリティとはなにか，現代日本の労働過程』窓社（1993）．

［4］　奥林康司『増補 労働の人間化，その世界的動向』有斐閣（1991）．

［5］　H．シュピッツレー著，高橋俊夫監訳『科学的管理と労働のヒューマニズム化』雄松堂出版（1987）．

［6］　古川久敬『組織デザイン論，社会心理学的アプローチ』誠心書房（1988）．

［7］　上田利男『小集団活動の新展開』産能大学出版部（1992）．

［8］　赤岡　功『作業組織再編成の新理論』千倉書房（1989）．

［9］　P.F. ドラッカー著，上田惇生・佐々木実智男・田代正美訳『未来企業，生き残る組織の条件』ダイヤモンド社（1992）．

［10］　堺屋太一『組織の盛衰』PHP 研究所（1993）．

［11］　三菱総合研究所・行動科学研究室『人間主義の経営学 ヒューマンファクター・マネジメント』TBS ブリタニカ（1993）．

［12］　八巻直躬『IE インダストリアル・エンジニアリングとは何か，生産性と人間性の融合』マネジメント社（1993）．

［13］　青井和夫監修，石川晃弘編集『産業社会学』サイエンス社（1989）．

［14］　史　世民『企業の現場組織と技術』中央経済社（1992）．

［15］　羽田　新『産業社会学の諸問題』税務経理協会（1993）．

[16]　伊丹敬之・加護野忠男・伊藤元重編『日本の企業システム，第3巻人的資源』有斐閣 (1993)。

[17]　十名直喜『日本型フレキシビリティの構造，企業社会と高密度労働システム』法律文化社 (1993)。

[18]　マイケル・J・ピオリ，チャールズ・F・セーブル著，山之内靖・永易浩一・石田あつみ訳『第二の産業分水嶺』筑摩書房 (1993)。

[19]　野渡正博・川村清治・小松 徹・坂 寿城・櫻田卓也・土屋智典「イングストリアル・チームワーク・ダイナミックス：チームワークと生産性に関する実証的研究—自動車部品製造業の作業集団におけるチームワーク状態と能率との関連性—」, *IE Review*, 日本インダストリアル・エンジニアリング協会 (JIIE), 178, Vol.33, No.5, 53-59頁 (1992)。

第5章

縫 製 企 業

1. はじめに

　我が国の縫製企業に対して ITD のパラダイムを適用する。研究対象企業の作業チームから高生産性作業チーム群と低生産性作業チーム群を抽出し，作業形態（集団作業や個人作業）とチームワークの緊密性の関係について考察する。ここでは，チームワークがより必要とされる集団作業はチームワークの緊密性は強く，個人能力に依存する個人作業ではチームワークの緊密性は約7倍悪化していることが確認され，作業形態によるチームワークの緊密性は大きく異なっている。前章[1] では，自動車部品製造企業におけるチームワークの緊密性は，チームワーク評価因子内の凝集力でチーム生産性と強い相関があることが確認されている。

2. 研究対象企業

　縫製企業（資本金：約1億円，年間売上高：約100億円，従業員数：約1,100人）であり，西日本地区を中心として従業員100人前後の工場が11ある。事業内容は，婦人用ファンデーション，ランジェリー，インナーウェア等の企画，製造，販売であり，作業内容は縫製，裁断，検査である。また，従業員の約95％が女性であり，典型的な労働集約産業である。

3. 作業チーム

　生産性指標である作業能率に基づき，調査対象チーム（チーム数65，回答者数842人）から研究対象チーム（チーム数50，回答者数713人）を規定し，Good-Poor分析（G-P分析）により研究対象チームから解析対象チームとして，高生産性作業チーム群（チーム数12，回答者数151人）と，低生産性作業チーム群（チーム数12，回答者数173人）を抽出し，作業内容（縫製，裁断，検査）別に考察する。回答者は，公式な職制上の課に属する生産現場の作業チームに属する班員である（表5-1）。

　また，作業形態を示す（表5-2）。

　チームワークに対する認識は，別途社会調査から抽出された「チームワーク評価因子」（第4章，表4-1参照）により定量的評価が可能である。回答方法は，チームワーク評価因子を構成する質問項目に対する5段階評価（−2（非好意的回答），−1，0，1，2（好意的回答））であり，無記名の個人評価に基づく単一数値選択である。アンケートの回収は生産技術部に依頼し，1992年11月1日に各工場へ郵送し，同年11月30日を締切日として回収した。また，この期間（1992年11月）のチーム生産性に関する資料を解析し，後述する作業チームの生産性尺度として活用する。

表5-1　解析対象作業チーム

作業チーム / 作業内容（業務）	調査対象		研究対象		解析対象（Good-Poor分析）					
					高生産性作業チーム群			低生産性作業チーム群		
	チーム	回答者（人）	チーム	回答者（人）	チーム	回答者（人）	チーム生産性（％）	チーム	回答者（人）	チーム生産性（％）
縫製	40	666	33	598	6	103	120.97	6	134	74.27
裁断	9	81	8	72	3	34	159.57	3	23	94.73
検査	10	51	9	43	3	14	96.07	3	16	50.10
事務所・スタッフ	4	38	−	−	−	−	−	−	−	−
工務・保全	2	6	−	−	−	−	−	−	−	−
合　計	65	842	50	713	12	151	125.54	12	173	73.03

118 　第3部　ITD の構築と検証／国内

表 5-2　作業形態

作業内容	チーム	回答者(人)	作業形態		
			仕事の流し方	作業方法	運用システム
縫製	33	598	連続生産	集団作業：流れ作業(1)	シンクロ縫製方式(2)
裁断	8	72	ロット生産	集団作業(3)，個人作業(4)	
検査	9	43	ロット生産	個人作業	
合計	50	713			

(1) 連続的な個人独立型作業，(2) タイムバンドルシステム，(3) 延反，(4) 裁断。

4. チーム生産性

　下記の計算式により，作業チーム別に毎日生産性を評価し，管理活動を進めている。

　　　　作業能率(%)＝(標準工数／投入工数)×100

　　　　標準工数＝∑品番別標準単位工数×実生産数

　　　　　i＝1，…，n：品番数（品種数）

ここで，

　品種別の1枚当たり標準単位工数

　　　　　＝{正味時間×(1＋余裕率)}×編成ロス率×補助人員比率

　　　投入工数＝(実出勤人員×直接生産活動時間)＋残業・パート時間

　ここで，残業・パート時間は，正従業員の残業時間数とパート・タイマーの作業時間の合計であり，投入工数を構成している。

　さらに，

　直接生産活動時間＝実働時間－指定時間

　ここで，実働時間は作業者や作業チームの責任に帰せられない管理部門の責任が主である無効工数を含んでいる。この無効工数は，各工場の管理レベル，改善努力，固有技術などの影響を受け，最終的に作業能率の値を左右することになる。また，指定時間は朝礼・会合・掃除等の時間である。標準工数は，納入先より指示される基準となる標準時間であり，基本的には同一品番製品には社内の全工場に対して同一の時間値が与えられる。従って，各工場はライン編

成，作業改善，品質管理，作業管理，稼働率，習熟などを徹底させ，指示された標準時間以下に低減させるべく日々努力している。つまり，作業能率は一種の出来高管理であり，100（%）を越えるほど利益が出ることを意味する。ここで，全作業チームの作業能率は，同一の評価尺度で測定されている。

5. 解析および考察

5.1 高生産性作業チーム群と低生産性作業チーム群のチームワークの緊密性

　一般的に，流れ作業や集団作業（組作業や連合作業）は，自らの目標に対するチームとしての共通認識が生成され，相互補完による協調性や一体感からグループシンタリティーが，個人作業以上に生成しやすい。一方，個人作業では，個人能力のみに依存する場合が多く，作業中は単調感や労働疎外に陥りやすく，チームワークに対する認識は生成しにくい傾向にある。つまり，作業形態は，チームワークに対する認識に影響を与え，その緊密性も異なることが予想される。

　チームワーク評価因子ごとに主成分分析を行い，第Ⅰ主成分の寄与率を確認する。作業力の「作業遂行の能力（因子5）」と凝集力の「一体感（因子7）」，「作業上の相互補完（因子11）」で，寄与率が50（%）以下の因子が作業形態ごとに確認される。個人作業の作業形態である検査作業では，チームワークに関する認識が低いため，50（%）以下の因子が凝集力で特に多い。次に，これらの合成変量に対して再度主成分分析を行い，第Ⅰ主成分の合成変量に対応する因子負荷量を求める。個人作業である検査作業の値は小さく，負の値を取る因子も数多く見られる。また，高生産性作業チーム群ではその寄与率も極端に低いことが確認される。

　さらに，第Ⅰ主成分を横軸に取り，第Ⅱ主成分を縦軸に取り，バリマックス回転後の布置を確認すると，集団作業形態をとる縫製作業ではチームワーク評価因子はまとまりがある。また，集団作業と個人作業の両者の作業形態を持つ裁断作業でもやや広がりが見られるものの，布置は明確である。しかし，個人作業形態をとる検査作業では，マイナス方向にまで各因子の座標点が展開して

120 第3部 ITDの構築と検証／国内

おり，もはやチームワークは存在しないことが確認される。

　次に，第Ⅰ主成分軸上の各チームワーク評価因子の因子負荷量に着目し，各極値間の距離について考察する。前述したように，強いチームワークの緊密性は，各チームワーク評価因子の代表値パターンが類似しており，相互に接近して布置されていることを意味する。つまり，チームワークの全体像をより収束して認識していることになる。ここでの留意点は，チームワーク評価因子に対する認識の平均値が低くとも，各因子の代表値パターンが類似し，相互に接近して布置されていれば，チームワーク状態は良好と判断されるので，原始データをよく観察することが重要である。高生産性作業チーム群と低生産性作業チーム群ともに，個人作業（検査作業）から集団作業（縫製作業）に移行するにしたがって，それらの距離は減少しチームワークの緊密性は集中化している。チームワーク評価因子（作業力＋凝集力）では，高生産性作業チーム群から低生産性作業チーム群に移行すると縫製（集団作業）と検査（個人作業）では，チームワークの緊密性は拡散しており，裁断（集団作業・個人作業）では逆に約半分まで集中化がなされている。作業力ではいずれの作業形態でも低生産性作業チーム群で集中化がみられる。これは，より生産性を向上させようとする認識が強化されるために，作業チーム群の作業力6因子に対する認識が類似し，相互に接近して布置されているためである。裁断（集団作業・個人作業）で約1／3，検査（個人作業）で約1／4に集中化している。しかし，それらの極値間の距離は作業形態で大きく異なる。凝集力では，裁断（集団作業・個人作業）と検査（個人作業）で拡散するが，縫製（集団作業）では，集中化している（表5-3）。

　次に，表5-3を作業形態（作業内容）に従って図示による可視化により理解を深める。集団作業から個人作業，つまり縫製作業から裁断作業さらに検査作業へと推移するに従って，チームワークの緊密性（縦軸）が倍々で拡散し，チームワーク認識は低下する傾向にある。集団作業である縫製作業は，作業力と凝集力はともに類似した値であり，チームワークは良好といえる。さらに，作業力において，低生産性作業チーム群は作業形態に関係なくチームワークの緊密性は小さく強い。これは，チーム生産性の低下に対する作業力の認識が各

第 5 章　縫製企業　*121*

表 5-3　チームワークの緊密性（回答者基準）

チームワーク評価因子（作業力 ＋ 凝集力）

| 作業チーム群 | | | 緊密性 | 第Ⅰ主成分：チームワーク | | | | 緊密性 | 緊密性 |
| | | | | 正方向の極値 | | 負方向の極値 | | ③＝ | の |
作業内容	チーム生産性	チーム	回答者（人）	因子負荷量①	因子	因子負荷量②	因子	①－②	傾向
縫製	高	6	103	0.835	7	0.602	1	0.233	拡散
	低	6	134	0.857	7	0.610	6	0.247	
裁断	高	3	34	0.902	4	0.365	6	0.537	集中
	低	3	23	0.913	9	0.665	10	0.248	(1／2)
検査	高	3	14	0.877	3	-0.840	11	1.717	拡散
	低	3	16	0.864	4	-0.884	7	1.748	

作業力

| 作業チーム群 | | | 緊密性 | 第Ⅰ主成分：チームワーク | | | | 緊密性 | 緊密性 |
| | | | | 正方向の極値 | | 負方向の極値 | | ③＝ | の |
作業内容	チーム生産性	チーム	回答者（人）	因子負荷量①	因子	因子負荷量②	因子	①－②	傾向
縫製	高	6	103	0.814	4	0.602	1	0.212	集中
	低	6	134	0.807	4	0.610	6	0.197	
裁断	高	3	34	0.902	4	0.365	6	0.537	集中
	低	3	23	0.841	5	0.687	3	0.154	(1／3)
検査	高	3	14	0.877	3	-0.757	6	1.634	集中
	低	3	16	0.864	4	0.434	2	0.430	(1／4)

凝集力

| 作業チーム群 | | | 緊密性 | 第Ⅰ主成分：チームワーク | | | | 緊密性 | 緊密性 |
| | | | | 正方向の極値 | | 負方向の極値 | | ③＝ | の |
作業内容	チーム生産性	チーム	回答者（人）	因子負荷量①	因子	因子負荷量②	因子	①－②	傾向
縫製	高	6	103	0.835	7	0.716	10	0.119	集中
	低	6	134	0.857	7	0.772	10	0.085	(3／4)
裁断	高	3	34	0.881	7.12	0.704	10	0.177	拡散
	低	3	23	0.913	9	0.665	10	0.248	
検査	高	3	14	0.450	10	-0.840	11	1.290	拡散
	低	3	16	0.828	9	-0.884	7	1.712	

図 5-1 作業形態（作業方法）とチームワークの緊密性

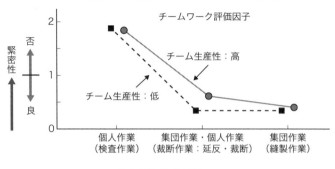

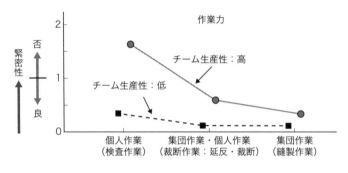

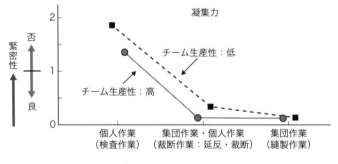

因子を通じて類似しているため，その因子負荷量の値も類似することとなり，正負の極値間の距離も短くなるためであると思われる。これは，チーム生産性向上には作業に対する強い思いがあることを理解して，指導することが望ましい。このように，チームワークの緊密性は，集団作業では良く，個人作業では悪い傾向がある。しかし，低生産性作業チーム群の作業力のように，その緊密性が強い場合があり，これを理解してマネジメントする必要がある（図5-1）。

5.2 高生産性作業チーム群と低生産性作業チーム群のチームワーク評価因子の関連性

各チームワーク評価因子の第Ⅰ主成分の合成変量に対して重回帰分析を行い，偏相関係数に基づいて因子間の関連性について考察する。特徴は，集団作業（縫製作業）から個人作業（検査作業）に推移するに従って，各因子間の関連性の数が減少することである。ここでも，集団作業における評価因子間の関連性の強さを確認できる。作業内容別では，縫製作業の高生産性作業チーム群では作業能率を取り囲むように凝集力の各因子がまず存在し，その外側に作業力が関連している。低生産性作業チーム群においては，作業力の因子を一部取り込んでいるものの，その関連性は高生産性作業チーム群と同様である。しかし，作業能率の外的基準が取り込まれておらず，作業チームとしては生産性とは無関係にチームワーク評価因子間で関連性を形成している。

また，裁断作業では，両チームともに作業能率とは無関係に関連性が形成されており，作業力と凝集力は独立した関係である。この裁断作業は，集団作業（延反）と個人作業（裁断）が混在しており，凝集力を中心として維持運営されている。また，検査作業では低能率作業チームにおいて一部の因子間で関連性を形成しているが，個人作業の作業形態ではチームワークに対する認識は極端に薄れており，因子間でネットワークを組むことが困難である。また，共通的な関係は，縫製作業における「作業確認（因子6）」と「作業上の相互補完（因子11）」がある。作業能率の低下とともにその関連性が薄れており，考慮すべき関係である（図5-2）。

作業形態によってチームワークの緊密性は大きく異なることが確認された。

図 5-2 チームワーク評価因子の関連性（偏相関係数）

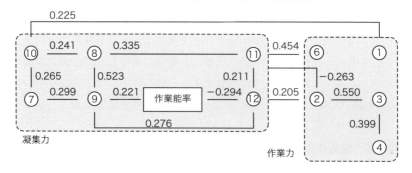

n=103, K=13, F0>F(1,90 ; 0.05)=3.947

集団作業（縫製） / 高生産性作業チーム群

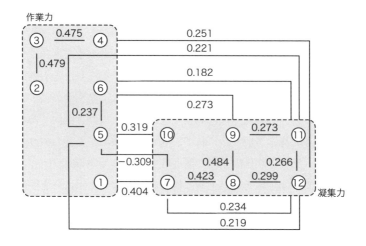

n=134, K=13, F0>F(1,121 ; 0.05)=3.919

集団作業（縫製） / 低生産性作業チーム群

チームワークがより必要とされる集団作業では作業力や凝集力を中心として各チームワーク評価因子の相互関連性を構造解析的に確認できるが，個人能力に依存する個人作業ではその関連性が少なく，あるいは確認することができない。このことは，チームワークを評価するための質問項目の信頼性を保証する

図5-2 チームワーク評価因子の関連性（偏相関係数）（続き）

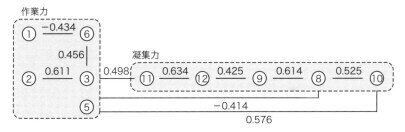

n=34, K=13, F0>F(1,21；0.05)=4.325

集団作業・個人作業（裁断） / 高生産性作業チーム群

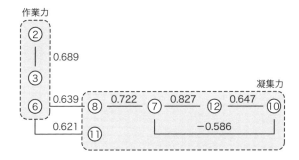

n=23, K=13, F0>F(1,10；0.05)=4.965

集団作業・個人作業（裁断） / 低生産性作業チーム群

関連性は抽出されない。

n=14, K=13, F0>F(1,1；0.05)=161.4

個人作業（検査） / 高生産性作業チーム群

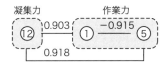

n=16, K=13, F0>F(1,3；0.05)=10.13

個人作業（検査） / 低生産性作業チーム群

ものともいえる。

参考文献

［1］ 野渡正博「自動車部品製造企業における作業集団のチームワーク状態と生産性，インダストリアルチームワークダイナミックスの構築と検証（第1報）」『日本経営工学会誌』Vol. 45, No. 5, 479-487頁（1994）。

第 4 部

社会学の視点

ITD から GITD にスパイラルアップを行う実証前に，GITD を適応した事例研究全体を俯瞰的に社会学の立場から考察する。「第6章：宗教と国富」では，宗教と国富がチームワーク認識に与える影響を確認し，「第7章：民族心理学」では，各民族の母国における布教宗教がチームワーク認識に与える影響を多民族国家マレーシアで確認する。

第6章

宗教と国富/
アメリカ，ヨーロッパ，アジア，中国，日本

1. はじめに

　研究対象は，グローバル生産を積極的に展開している日系現地法人の進出先
現地工場の従業員である。各国のチームワークに対する認識差異を確認するた
めには，より鳥瞰的な社会的および経済的背景からの視野が求められる。宗教
と国富が，生産現場のチームワーク認識に与える影響についての実証的研究は
みられない。これらが，現地作業者のチームワーク認識に影響を与え，各国間
で差異を生じているとするならば，事前に理解し生産上のマネジメントロスを
低減すべきである。ここで，宗教は東洋系布教圏と西洋系布教圏に層別してい
る。東洋系は，仏教（日本，タイ，中国），ヒンドウ教（インド）そしてイス
ラム教（インドネシア）であり，西洋系は広義のキリスト教布教圏であり，ア
メリカ（プロテスタント諸派），メキシコ（ローマンカトリック派），イギリス
（英国・国教会派），ドイツ（カトリック派，プロテスタント派），フィリピン
（カトリック派）である。これら2布教圏間の認識差異を確認する。各国の布
教宗教は，日本貿易振興機構（JETRO）の公開資料に基づいており，各国で
最も布教している宗教に回答者が属していると仮定している。これは，個人情
報である個人別の信仰宗教を確認できないためである。国富は，国の経済的水
準としての各国の一人当たり正味国内生産高（GDP: Gross Domestic Pro-
duct，名目，2006年度，出展：JETRO）の指標を活用している。国富は，
30,000US\$以上の上位グループとして日本，アメリカ，イギリス，ドイツで
あり，5,000US\$以上の中位グループはメキシコであり，5,000US\$以下の下

位グループは，インド，タイ，インドネシア，中国，フィリピンであり，これら 3 グループ間の認識差異について確認する（Appendix 1）。

　我が国の製造産業界からチームワーク評価因子を抽出し，生産現場における事例研究を通じて，チームワークとチーム生産性に関する実証的な評価システムである ITD を構築している[1]。併せて，心理学関係の学会でも研究成果[2]～[5]を開示するとともに，海外での出版[6]や国際研究[7]～[9]を通じて，その必要性を提案している。1990 年代に国内事例研究を行い，2000 年以降は海外研究を展開している。本研究は，約 7 年間にわたる海外学術調査で得られた成果に対する考察であり，研究対象は 10 ヵ国，15 工場である（Appendix 2）。

　チームワークは，生産現場のみならず，産業界においてもその重要性は従来から指摘されている。また，世界的視野からもその重要性は万人が理解している。しかし，これに対する定量的研究は少ない。心理学者が，積極的に生産現場で研究する姿はほとんどみられず，また経営工学者や IE 実践家によるチームワーク内部構造に対するアプローチも見受けられず，集団力学研究の不毛の地となっている。この分野では，三隅による PM 類型理論のリーダーシップ研究のみと考えられる。チームワークは，グローバル生産を展開する産業人にとっても重要なキー・ワードである[10]が，単にスローガンや動機づけの言葉として終らせてはならない。現地経営を行う経営者やマネージャーにとって，生産現場でものづくりを行う現地作業者の日常活動におけるチームワークに対する理解不足は，経営上の重要課題である[11]～[15]。日本型マネジメントの現地化における現状認識は，各国のチームワーク認識は日本人と差がないという暗黙の理解がある。しかし，現地ではこのことに起因する問題が数多く発生している。これは，我が国のみではなく世界的にものづくりを展開している各国にとっても共通の課題であり，早急に解決すべきグローバルな課題である。チームワークの暗黙知から形式知への変換は，知識生成の意義も大きく，各国の産業人の相互理解にも大きく貢献する。現地作業者および日本人マネージャー双方にとって win-win の関係を生成することが可能である。

　日常の生産活動におけるものづくりに対するチームワークに関する認識を集

第6章　宗教と国富 / アメリカ，ヨーロッパ，アジア，中国，日本　*131*

団過程としてとらえ，その内部構造を考察するが[16]〜[18]，チームワーク認識を評価するためにチームワーク評価因子を設定している[4]，[5]。また5段階評価（1，2，3，4，5）であり，プラス方向ほどチームワークに対する認識は良好である。現地調査では，国内調査で使用されたアンケート項目の日本文を各国の駐在日本人と現地人スタッフのご協力により現地語に翻訳している。ここで，日本語の微妙なニュアンスの違いを現地語に翻訳することが困難であった質問項目は一部修正している（第4章，表4-1参照）。

2.　研究対象企業（海外の現地法人工場）

　経済産業省の資料（「第31回2001年海外事業活動基本調査概要」）による調査開始時点（2000年度末）の海外現地法人数は，14,991社であり，製造業は7,464社（シェア49.8（％））であり，非製造業は7,527社（50.2（％））である。全体での内訳はアジア7,244社（シェア48.3（％））であり，北米3,316社（22.1（％））およびヨーロッパ2,682社（17.9（％））である。業種別内訳は，製造業では電気機械1,827社（製造業に占めるシェア24.5（％））であり，化学1,055社（14.1（％）），輸送機械1,036社（13.9（％）），さらに一般機械764社（10.2（％））等である。このような現状から，製造産業で主要な位置を占めている自動車産業[19]〜[25]と電機産業[26]，[27]の2業種を研究対象として取り上げ，調査地域はアジアおよび北米とヨーロッパである。現地日系工場を訪問し，チームワークに対する認識調査を行うとともに，工場見学とインタビューを2000年から2006年にかけて実施している。訪問先は，アメリカ[19]，[27]およびメキシコ，イギリス，ドイツ[20]，インド[28]，タイ[19]，インドネシア，フィリピン，中国[28]である[29]〜[33]。

3.　回答者属性

　研究対象者は，現地従業員であり，直接生産に従事している作業者と彼らをサポートするマネージャーや支援部門のスタッフである。平均勤続年数は自動

132　第4部　社会学の視点

車産業で約4.5年であり，イギリス（B1）が最短であり，タイ（E1）が最長
である。一方，電機産業では約8.2年であり，メキシコ（G1）が最短であり，
最長はアメリカ（F2）であり，自動車産業で勤続年数が短い。次に，平均年
齢は，自動車産業では27.9歳であり，高齢はタイ（E1）が最高であり，若年
はイギリス（B1）であり，差は約8年である。一方，電機産業では約34.8歳
であり，高齢はアメリカ（F2）であり，若年はフィリピン（H2）であるが，
差は約20年である。自動車産業で年齢が若い。職務内容は各国共通であり，
作業者は生産作業，組立作業，検査作業などである。スタッフは，物流，品質
保証，人事・労務，情報管理，購買，経理・財務，調整，技術支援である。ア
メリカ（F2）の回答者はマネージャーのみである。

4.　解析および考察

　解析当初は，産業別に自動車産業と電機産業に層別し，両者のチームワーク
認識差異を求めたが，顕著な特徴は見られなかった。次のステップとして，宗
教や国富がチームワーク認識に与える影響について考察している。従来研究で
は，その類型化にこだわるあまり二分法（たとえば，individualism と collec-
tivism）に基づく静態的な文化観に固持しているとする批判がある[16]。また
東アジアでは，儒教の ren（博愛），yi（公正），li（礼儀），zhi（知恵），xin
（信頼）の影響や，タイにおける kreng jai（思いやり）やその対極にある
jaiyen（冷静な気持ち），さらに Sakdina（権力階層）という社会階層システム
や Phradetphrakhun（リーダーシップ）の Phradet（独裁的なリーダーシッ
プ）と Phrakhun（博愛）が社会文化的な要因として重要であるという指摘も
ある。さらに，インドにおける Hindu caste system（Brahmins：司祭など，
Kshatriyas：武士・政治家など，Vaishyas：商人・銀行家など，Shudras：労
働者などの4段階からなる社会的階層制度）や karam（より良い来世のため
の行動）と dharma（義務）の教義の影響を受けているという指摘もある[13]。
しかし，このような社会的慣習が，生産現場におけるチームワーク認識に与え
る影響に関する研究は世界的にもほとんど見受けられない。一方，現地化にお

いては，日本型生産経営を進出国に適合・適応させるために自己組織化が実践されている[11], [12]。従って，現地工場の作業チームの日常活動において生成される集団過程の内部構造を具体的に掘り下げ，宗教や国富による文化社会的背景や経済的背景に基づく彼らのチームワーク認識差異を確認することは，グローバル生産を展開する産業社会への貢献も大きい。このような背景から，各国の文化的・社会的背景として宗教に着目し仏教を中心とする東洋系布教圏とキリスト教に基づく西洋系布教圏の認識差異を確認する（表6-1）。

また，各国の国富としてGDPを取り上げ，チームワーク認識差異を確認する（表6-2）。

表6-1　宗教

布教圏 （回答者）	宗教	国	調査 年度	研究 対象 企業	回答者 （人）
東洋系 （n＝1,441）	仏教	日本	2004		114
		中国	2004	H 1	1,004
		タイ	2002	A 2	56
		タイ	2005	E 1	133
	イスラム教	インドネシア	2005	A 3	97
	ヒンドウ教	インド	2002	C 1	39
西洋系 （n＝2,956）	キリスト教 プロテスタント諸派	アメリカ	2000	A 1	27
		アメリカ	2000	F 1	22
		アメリカ	2001	F 2	16
	キリスト教 ローマンカトリック派	メキシコ	2001	G 1	200
		メキシコ	2003	D 1	1,400
	キリスト教 英国・国教会派	イギリス	2001	B 1	27
		イギリス	2001	G 2	48
	キリスト教 カトリック派, プロテスタント派	ドイツ	2006	I 1	126
	キリスト教 カトリック派	フィリピン	2006	H 2	1,090

134　第4部　社会学の視点

表6-2　国富

国富 (回答者) (1)	国	調査 年度	研究 対象 企業	回答者 (人)
30,000 US$ 以上 (n=380)	日本	2004		114
	アメリカ	2000	A 1	27
	アメリカ	2000	F 1	22
	アメリカ	2001	F 2	16
	イギリス	2001	B 1	27
	イギリス	2001	G 2	48
	ドイツ	2006	I 1	126
5,000 US$ 以上 (n=1,600)	メキシコ	2001	G 1	200
	メキシコ	2003	D 1	1,400
5,000 US$ 以下 (n=2,417)	中国	2004	H 1	1,004
	タイ	2002	A 2	56
	タイ	2005	E 1	133
	インドネシア	2005	A 3	97
	フィリピン	2006	H 2	1,090
	インド	2002	C 1	39

(1) 表1の宗教を国富に再層別。

4.1　宗教によるチームワーク認識差異

　チームワーク評価因子を構成する作業力と凝集力の分散について着目すると，凝集力で大きい工場は，東洋系のインド（C1）と西洋系のアメリカ（A1）の2工場のみである。他の13工場ではいずれも作業力で大きく，危険率1（%）で4工場（東洋系：タイ（E1），中国（H1），西洋系：メキシコ（(D1），(G1)）および危険率10（%）で1工場（東洋系：日本）となっている。この作業力のバラツキが大きいことは，市場要求の多様化に基づく研究対象企業の生産活動の多様性を反映するものと考えられる。逆に，凝集力は回答者が属する国ごとに社会文化的な共通慣習の影響を受けるため，作業力よりもバラツキは小さい。平均値は，東洋系で作業力が高く（インド（C1），タイ（A2），インドネシア（A3），中国（H1）），西洋系では凝集力が高い（イギリス（B1），メキシコ（D1），(G1)，アメリカ（F1），(F2)，フィリピン（H2），ドイツ

第6章　宗教と国富／アメリカ，ヨーロッパ，アジア，中国，日本　　*135*

表6-3　宗教による比較／平均値と標準偏差／判別分析

チームワーク評価因子		宗教 東洋系 (n=1,441) 平均値	標準偏差	西洋系 (n=2,556) 平均値	標準偏差	判別分析 判別係数 2.303(1)	F0 −
生産性指向	作業力	1 作業管理の状態	4.13 0.724	4.03**	0.755	0.471	52.86**
		2 直属の上司による作業指導	3.87 0.833	3.66**	0.900**	0.464	57.42**
		3 リーダーによる作業指導	3.84 0.848	3.71**	0.847	0.341	22.11**
		4 リーダーによる気配り	3.67 0.948	3.69	0.880**	−0.174	8.45**
		5 作業遂行の能力	3.83 0.677	4.07**	0.647*	−0.706	86.20**
		6 作業確認(進度，品質，量)	3.71 0.835	3.69	0.921**	0.278	26.48**
	凝集力	7 一体感	3.74 0.689	4.01**	0.710	−1.203	173.97**
		8 雰囲気	3.90 0.676	3.87	0.777**	0.932	104.36**
		9 人間関係	3.93 0.754	3.89	0.830**	0.543	53.10**
		10 モラール(やる気)	4.02 0.701	4.21**	0.663*	−0.199	5.81**
		11 作業上の相互補完	3.32 0.610	3.57**	0.792**	−0.729	146.53**
		12 満足度	3.70 0.720	4.01**	0.738	−0.676	87.63**
全体		1～6	3.84 0.828	3.81	0.848	正判別率 (%)	71.71
		7～12	3.77 0.730	3.93**	0.778**		
		1～12	3.81 0.781	3.87*	0.816*	(1)定数項	

＊：p＜.05，＊＊：p＜.01.

(I1))。特に，東洋系の中国（H1）や西洋系のメキシコ（D1）やフィリピン（H2）において危険率1（％）で統計的有意性を確認できる。東洋系では，仏教やイスラム教を中心として労働に対する忠誠心が強く，西洋系ではキリスト教を中心とするコミュニティやファミリーのより強い結束を求めることから集団維持に関する認識が強い。このように東洋系と西洋系では，作業力と凝集力の平均値の大小関係は全く逆であり，現地生産マネジメントの留意点である。全体的傾向では，チームワーク評価因子の分散も平均値も統計的に有意差があり，ともに西洋系で値が大きい。凝集力で顕著であり，チームワーク認識は宗教の影響を受けている。さらに，チームワーク評価因子を構成する各因子の影響度合いを判別分析によって考察すると正判別率は約72（％）であり，特に「一体感（因子7）」，「雰囲気（因子8）」，「作業上の相互補完（因子11）」の凝集力でのウェイトが大きく，両者の認識差異に強い影響力を与えている（表6-3）。

4.2 国富によるチームワーク認識差異

特徴は，5,000US$ 以上のメキシコ（D1），（G1）と 5,000US$ 以下のタイ（E1）と中国（H1）において，危険率 1（％）で作業力が凝集力よりも大きい。つまり，国富水準が低いほど作業力に対する認識のバラツキが大きく，生産現場での教育や OJT を通じて，標準化対策や作業管理，生産管理への理解度を向上させ，なおかつ均一化させることが重要である。平均値は，30,000US$ 以上では，凝集力が作業力よりも高く（日本，イギリス（B1），アメリカ（F1），（F2），ドイツ（I1）），5,000US$ 以上でも凝集力が高い（メキシコ（D1：危険率 1（％）で有意），（G1））。また，5,000US$ 以下では作業力が高い（インド（C1），タイ（A2），インドネシア（A3），中国（H1：危険率 1（％）で有意）。このように，GDP の国際比較においては，5,000US$ 以上では凝集力が高く，5,000US$ 以下では逆に作業力が高い傾向にある。これは，5,000US$ 以上では勤続年数が長い傾向にあり，集団維持機能としての凝集力の認識が作業力を上回っているためである。一方，5,000US$ 以下では勤続年数が短く，転職率も高いことが確認されている。彼らの帰属意識は，工場ではなく仕事であり，個人能力の評価およびその向上に重点があり，日常活動においても作業力への認識に重点が置かれている。

次に，3 グループ間の比較検討を行う。上位グループの 30,000US$ 以上と中位グループの 5,000US$ 以上では，チームワーク評価因子および作業力と凝集力で分散に統計的有意差を確認できる。また，平均値においては，凝集力のみで有意である。上位グループと下位グループとしての 5,000US$ 以下においては，チームワーク評価因子および作業力と凝集力で平均値について統計的有意差を確認できる。さらに，中位グループと下位グループにおいては，チームワーク評価因子および作業力と凝集力の分散において統計的有意差が確認でき，平均値においてもチームワーク評価因子および作業力で確認でき，最も認識差異の顕著な結果が得られている。また，チームワーク評価因子の平均値は，上位グループよりも中位グループ，さらに中位グループよりも下位グループでその値は高く，凝集力において顕著である。このように，国の経済発展過程では，下位グループから中位グループへのレベルアップ段階で最も顕著に認

第6章　宗教と国富 / アメリカ，ヨーロッパ，アジア，中国，日本　　*137*

識差異が現れている。また，判別分析における正判別率は，中位グループと下位グループの比較が最も高く，約78（％）である。

　上位グループと中位グループの比較では，凝集力のウエイトが大きく，「作業上の相互補完（因子11）」が最大である。また，上位グループと下位グループの比較では，凝集力の「雰囲気（因子8）」，「人間関係（因子9）」の影響が大きい。さらに，中位グループと下位グループの比較では，多くの因子が影響を与えている。作業力の「リーダーによる気配り（因子4）」，「作業遂行の能力（因子5）」や凝集力の「一体感（因子7）」，「作業上の相互補完（因子11）」，「満足度（因子12）」の影響が大きい。このように，上位グループと下位グループおよび中位グループと下位グループの比較における最重要因子は凝集力の「作業上の相互補完（因子11）」である。これは，チームワーク運営上の最重要因子であり，作業上のつなぎ部分を相互に補完しあう社会心理学の「文脈的業績」[34]である。各工場別の日本との比較検討においても，平均値に

表 6-4　国富による比較 / 中位グループと下位グループ / 平均値と標準偏差 / 判別分析

	国富	5,000US$ 以上 (n=1,600)		5,000US$ 以下 (n=2,417)		判別分析	
チームワーク評価因子		平均値	標準偏差	平均値	標準偏差	判別係数 -0.468(1)	F0 —
生産性指向	作業力						
	1 作業管理の状態	4.05	0.806	4.10*	0.693**	−0.161	5.08**
	2 直属の上司による作業指導	3.49	0.947	3.89**	0.799**	−0.731	118.24**
	3 リーダーによる作業指導	3.58	0.879	3.87**	0.803**	−0.817	106.66**
	4 リーダーによる気配り	3.77	0.954	3.63**	0.867**	0.769	137.00**
	5 作業遂行の能力	4.11	0.640	3.92**	0.664	1.050	151.47**
	6 作業確認(進度，品質，量)	3.56	1.068	3.79**	0.759**	−0.444	56.68**
	凝集力						
	7 一体感	4.04	0.707	3.87**	0.713	1.234	152.19**
	8 雰囲気	3.83	0.813	3.94**	0.696**	−0.767	56.42**
	9 人間関係	3.88	0.897	3.91	0.741**	−0.132	2.53**
	10 モラール(やる気)	4.22	0.677	4.13**	0.682	0.177	3.79**
	11 作業上の相互補完	3.22	0.689	3.64**	0.736**	−1.403	447.45**
	12 満足度	4.11	0.759	3.81**	0.706**	1.041	171.31**
全体	1〜6	3.76	0.924	3.87*	0.780**	正判別率 (%)	78.14
	7〜12	3.88	0.827	3.89	0.727**		
	1〜12	3.82	0.879	3.88*	0.754**	(1)定数項	

＊：p＜.05，＊＊：p＜.01.

138　第4部　社会学の視点

おいて大きい認識差異があり，高度な危険率で統計的有意差が得られている。今後のマネジメント展開において留意すべき因子である。ここでは，大きな特徴が確認された中位グループと下位グループの比較を示す（表6-4）。

4.3　チームワーク認識の作業力と凝集力への層別

　工場別に各回答者の評価因子別に平均値を求め，これに対して主成分分析を行い，主成分に対応する因子負荷量[3]の傾向を確認する。全15工場の第Ⅰ主成分は，すべて正の類似した値を示しており，チームワークを示す軸として理解することが可能であり，軸の解釈は「チームワーク認識（因子1〜12に対応）：（強チームワーク）対（弱チームワーク）」とする。また，第Ⅱ主成分軸は，チームワーク類型理論モデルにおける生産性指向として構成される「作業力（因子1〜6に対応）」と「凝集力（因子7〜12に対応）」に層別可能であり，この解釈を「生産性指向：（作業力）対（凝集力）」としている。ここで，メキシコ（G1）は，作業力と凝集力が混在しており特殊なパターンとなっているが，他の4工場では層別可能である。国別の比較における第Ⅱ主成分までの累積寄与率は，イギリス（E1）（81.0（%））が最高であり，最低はメキシコ（G1）（55.6（%））であり，平均は67.0（%）である。

　宗教や国富による全体的層別においても，同様の結果を確認できる。第Ⅱ主成分までの累積寄与率は，いずれも60.0〜70.0（%）である。しかし，第Ⅱ主成分における因子負荷量は，作業力の「作業遂行能力（因子5）」と「作業確認（因子6）」の2因子が凝集力に取り込まれる傾向がある。しかし，その数値は小さく誤差の範囲と考えられる。このように，チームワーク認識は，作業力と凝集力に層別可能であり，宗教や国富を通じても明確に層別可能である（表6-5，表6-6）。

第6章　宗教と国富／アメリカ，ヨーロッパ，アジア，中国，日本　*139*

表6-5　チームワーク認識の作業力と凝集力への層別（因子負荷量）／宗教

	因子負荷量　　チームワーク評価因子	東洋系 (n=1,441)		西洋系 (n=2,556)	
		Ⅰ	Ⅱ	Ⅰ	Ⅱ
生産性指向	**作業力** 1 作業管理の状態	0.759	0.238	0.668	0.293
	2 直属の上司による作業指導	0.811	0.417	0.647	0.503
	3 リーダーによる作業指導	0.833	0.398	0.697	0.551
	4 リーダーによる気配り	0.803	0.357	0.662	0.458
	5 作業遂行の能力	0.738	−0.037	0.741	−0.016
	6 作業確認(進度，品質，量)	0.763	−0.066	0.684	−0.035
	凝集力 7 一体感	0.854	−0.178	0.836	−0.268
	8 雰囲気	0.841	−0.281	0.821	−0.315
	9 人間関係	0.763	−0.375	0.790	−0.296
	10 モラール(やる気)	0.823	−0.116	0.760	−0.296
	11 作業上の相互補完	0.607	−0.351	0.615	−0.166
	12 満足度	0.782	−0.097	0.734	−0.175
	累積寄与率(%)	61.50	69.10	52.50	63.00

表6-6　チームワーク認識の作業力と凝集力への層別（因子負荷量）／国富

	因子負荷量　　チームワーク評価因子	30,000US$ 以上 (n=380)		5,000US$ 以上 (n=1,600)		5,000US$ 以下 (n=2,417)	
		Ⅰ	Ⅱ	Ⅰ	Ⅱ	Ⅰ	Ⅱ
生産性指向	**作業力** 1 作業管理の状態	0.769	0.117	0.648	0.321	0.710	0.336
	2 直属の上司による作業指導	0.740	0.489	0.603	0.502	0.769	0.456
	3 リーダーによる作業指導	0.782	0.512	0.669	0.556	0.787	0.455
	4 リーダーによる気配り	0.718	0.482	0.687	0.476	0.736	0.434
	5 作業遂行の能力	0.694	−0.096	0.716	−0.035	0.780	−0.043
	6 作業確認(進度，品質，量)	0.735	−0.110	0.663	−0.023	0.764	−0.069
	凝集力 7 一体感	0.874	−0.144	0.854	−0.233	0.836	−0.268
	8 雰囲気	0.760	−0.348	0.830	−0.298	0.830	−0.250
	9 人間関係	0.787	−0.367	0.791	−0.301	0.770	−0.218
	10 モラール(やる気)	0.787	−0.187	0.755	−0.316	0.804	−0.195
	11 作業上の相互補完	0.751	−0.256	0.572	−0.199	0.650	−0.454
	12 満足度	0.811	−0.039	0.712	−0.186	0.796	−0.162
	累積寄与率(%)	59.10	68.70	50.90	61.70	59.40	69.20

4.4 国富によるチームワーク認識の階層構造およびチームワークの緊密性

特に興味ある知見が得られた国富に着目し，各因子の関連性やその内部構造をクラスター分析により考察する。各因子が階層的に一体化されていく過程を可視化するとともに，一致プロット（コーフェン相関係数：r0）により再現性を確認する。解析では，数多くの組合せのなかから最も再現性が確認された群平均法（クラスター化法）とユークリッド距離（評価基準）を採用し，各因子に対する主成分分析の第 I 主成分から第 V 主成分に対応する因子負荷量による解析を行う。

上位グループにおいては，凝集力を作業力が取り囲むようにクラスター化がまず生成される。最初に「一体感（因子7）」と「雰囲気（因子8）」が一体化され，凝集力が形成される。その後，作業力が取り囲むようにチームワーク認識を形成している。中位グループでは，最初に「一体感（因子7）」と「雰囲気（因子8）」が生成され，ついで「人間関係（因子9）」が加わり，この3因子で一つのクラスターを生成している。さらに他の因子が加わり凝集力を生成した後に，作業力が後追いで取り囲むようにチームワーク認識を形成している。しかし，凝集力の「作業上の相互補完（因子11）」が最終ステップで取り込まれていることから，その認識の低さを確認できる。さらに，下位グループにおいても同様の傾向を確認することができる。ここでは，縦軸の非類似性の尺度が中位グループより拡大しており，また，クラスターの最初の結合レベルも高く，チームワーク認識は弱い。これらを全体的に考察すると，チームワークの緊密性としての非類似度の階層距離（縦軸）は，上位グループが最小（1.01＝5.37−4.36）であり，以下中位グループ（2.99＝8.38−5.39），さらに下位グループ（3.09＝8.92−5.83）へと続く。このように，緊密性は上位グループで強く，その国の経済力に大きく影響を受けている。国富の向上は，社会的文化的な背景を生産現場の作業チームにも当然影響を与えている。各国政府の QWL 施策の実践活動に期待すること大である（図 6-1）。

ここで，「作業上の相互補完（因子11）」の認識希薄が確認されたので，日本を基準にして t 検定と F 検定を行う。平均値は，上位グループのアメリカ（F1），イギリス（G2），ドイツ（I1），下位グループのフイリピン（H2）で日

第6章　宗教と国富／アメリカ，ヨーロッパ，アジア，中国，日本　　141

図6-1　チームワーク評価因子の階層構造（国富）

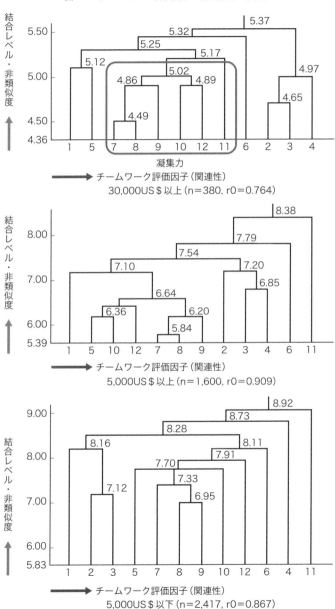

本より高い認識を示すが，他の工場ではいずれもかなり低い。いずれも危険率1（％）あるいは5（％）で統計的有意性を確認できる。つまり，日本型マネジメントとして優れた特徴である「作業のつなぎ部分の自主的相互補完体制」が移植されておらず，生産マネジメントにおける機会損失の原因となっている。各工場ではいずれも個人レベルの認識は高いもののチームワークで重要と思われる認識が低く，日本国内では自主的に行われている作業者間の作業面のつなぎ部分での補完意識が欠落している。現状では，個人で行うべき仕事を確実に行わせることに重点が置かれた生産マネジメントが実践される傾向が強く，その意味では日本型チームワーク導入の前段階であり，我が国のグローバル生産展開上の最重要視因子である。インタビュー時の知見としては，メキシコでは作業上の相互補完を禁止しており，またイギリスのように組合の承認を必要とする場合もある。さらに，日本と比較すると定着率が低く，彼らの帰属意識は企業よりも仕事であり，このような自己主張の強い文化ではチームやチームワークへの意識を期待することは難しいというコメントもある。逆に，アメリカのようにチームワークを向上させるために人種別にライン編成を行っている。また，イギリスではマンアンドシープドックゲームを活用し，牧羊犬が主人の命令に従い群れから一匹の羊を連れ出すように，生産現場のリーダーの指示に基づき各作業者が主要な問題点を現状から抽出し，その改善を行うとともにリーダーに報告する方法である。リーダーは，さらに次の課題を作業者に与え，進度チェックしフイードバックさせながら改善やマネジメントの成果を常に作業者にも理解できるようにするためのリーダーと作業者の両者によるチームワーク活動である。

　各国のチームワーク認識を俯瞰的に宗教と国富の二面から考察し，チームワーク認識は宗教の影響を受け，東洋系布教圏と西洋系布教圏では異なることを確認した。さらに，国富の影響も受けており，国富水準ごとに異なることも確認した。さらに，チームワーク認識を構成する作業力と凝集力は，宗教や国富の影響を受けず，2群に層別可能であることを確認した。

第6章 宗教と国富/アメリカ, ヨーロッパ, アジア, 中国, 日本 *143*

Appendix1 Religion and GDP

Religion		Orient Area (n=1,441)	
		Hinduism	Islam
Country		India	Indonesia
Geographical factor	The name of a country	The Republic of India	The Republic of Indonesia
	Area (square kirometer)	3,287,263	1,922,570
	Population (×1,000)	1,037,000 (2001)	222,192 (2006)
	Capital city	Delhi	Djakarta
	Language	Hindi, English, Bengal,	Indonesian
	Religion	Hindu (82.7%), Muslim (11.2%), Christian (2.6%)	Muslim, Hindu, Christian
	GDP (US $)*	785	1,640
	Researched plant	C1 (n=39)	A3 (n=97)

Religion		Orient Area (n=1,441) (continued)	
		Buddhism	
Country		Thailand	China
Geographical factor	The name of a country	The Kingdom of Thailand	The People's Republic of China
	Area (square kirometer)	513,115	9,600,000
	Population (×1,000)	63,350 (2004)	1,299,880 (2004)
	Capital city	Bangkok	Beijing,
	Language	Thai	Chinese
	Religion	Buddhist (95%), Muslim (4%), Christian (0.6%)	Buddhist, Muslim, Christian
	GDP (US $)*	3,138	2,013
	Researched plant	A2 (n=56), E1 (n=133)	H1 (n=1,002)

* : Gross domestic product for each person, nominal, 2006.
Japan / 34,181 US$.
Source : JETRO homepage (http://www.jetro.go.jp/biz/world/).

144   第4部　社会学の視点

Appendix 1　Religion and GDP (continued)

		West Area (n=2,956)	
	Religion	Christianity	
		Protestantism	Roman Catholicism
	Country	America	Mexico
	The name of a country	The United States of America	The United Mexican States
	Area(square kirometer)	9,629,091	1,964,375
	Population(×1,000)	303,440(2008)	103,260(2005)
Geographical factor	Capital city	Washington, D.C.	Mexico City
	Language	English	Spanish
	Religion	Protestantism(55%) Roman-Catholicism(28%) Judaism(2%) Others(6%), Nonreligion(8%)	Roman Catholicism(96%)
	GDP(US $)*	44,024	8,066
	Researched plant	A1(n=27), F1(n=22), F2(n=16),	D1(n=1,400), G1(n=200)

		West Area (n=2,956) (continued)	
	Religion	Christianity	
		Christian of English Church	Catholicism & Protestantism
	Country	England	Germany
	The name of a country	The United Kingdom of Great Britain and Northern Ireland	The Federal Republic of Germany
	Area(square kirometer)	242,900	356,978
Geographical factor	Population(×1,000)	60,587(2006)	82,310(2006)
	Capital city	London	Berlin
	Language	English(included Welsh, Gallisch)	German
	Religion	Christian of English Church	Catholicism & Protestantism, Judaism
	GDP (US $)*	39,630	35,433
	Researched plant	B1(n=27), G2(n=48)	I1(n=126)

		West Area (n=2,956) (continued)
	Religion	Christianity
		Catholicism
	Country	Philippine
	The name of a country	The Republic of the Philippines
	Area (square kirometer)	299,764
Geographical factor	Population(×1,000)	86,973(2000)
	Capital city	Manila
	Language	Tagalog, English
	Religion	Catholicism(81.0%), Muslim(5.1%), others
	GDP(US $)*	1,352
	Researched plant	H2(n=1,090)

* : Gross domestic product for each person, nominal, 2006.
　　Japan / 34,181 US$.
　　Source : JETRO homepage (http://www.jetro.go.jp/biz/world/).

第6章 宗教と国富 / アメリカ，ヨーロッパ，アジア，中国，日本　*145*

Appendix 2　Researched Plant

Researched company	Industry	Surveying Instrument	Automobile		
	Company		A		
Parent (head office)	Established year	1943	1956		
	Capital (billion yen)	5	0.5		
	Sales (billion yen)	24	70		
	Employee	330	800		
	Head office (Japan area)	Kanto	Chukyo		
	Listed stocks (area)	Tokyo	–		
	Overseas plant	–	USA, Thailand, Indonesia		
Local	Researched plant		A1	A2	A3
	Country	Japan	USA, Cal.	Thailand	Indonesia
	Established year	1963	1984	1998	1997
	Employee	200	52	61	–
	Answerer	114	27	56	97
	Surveyed year	2004	2000	2002	2005
	Answerer attribute	Mean　SD	Mean　SD	Mean　SD	Mean　SD
	a. Years of employment	14.01　12.49	6.86　3.03	1.97　1.16	2.35　2.20
	b. Age	41.11　10.84	No answer	27.84　4.62	26.06　5.87
	c. Sex Male	43		41	73
	Female	44	No answer	11	22
	Not Available	27		4	2

Researched company	Industry	Automobile (continued)			
	Company	B	C	D	E
Parent (head office)	Established year	1946	1961	1954	1933
	Capital (billion yen)	0.5	1	6	600
	Sales (billion yen)	35	20	80	7000
	Employee	800	500	1300	120,000
	Head office (Japan area)	Kanto	Kanto	Kanto	Kanto
	Listed stocks (area)	–	–	Tokyo	Tokyo
	Overseas plant	USA, U.K., Thailand	USA, India	USA, Mexico, China	USA, Mexico, Brazil, China, Taiwan, Philippines, Thailand, Malaysia, Indonesia, Pakistan, Iran, Egypt, Kenya, South Africa, Spain, UK
Local	Researched plant	B1	C1	D1	E1
	Country	U.K.	India	Mexico	Thailand
	Established year	1998	1997	1986	1987
	Employee	64	120	4,447	233
	Answerer	27	39	1,400	133
	Surveyed year	2001	2002	2003	2005
	Answerer attribute	Mean　SD	Mean　SD	Mean　SD	Mean　　SD
	a. Years of employment	1.68　1.02	2.96　4.09	5.01　3.74	10.91　　6.45
	b. Age	25.70　5.93	26.52　3.57	27.66　6.66	33.35　　6.17
	c. Sex Male	21	33	589	112
	Female	6	0	679	21
	Not Available	0	6	132	0

146　第4部　社会学の視点

Appendix 2　Researched Plant (continued)

Researched company	Industry	Electrical			
	Company	F		G	
Parent (head office)	Established year	1945		1929	
	Capital (billion yen)	18		8	
	Sales (billion yen)	63		60	
	Employee	2,000		5,700	
	Head office (Japan area)	Kanto		Kanto	
	Listed stocks (area)	Tokyo		Tokyo	
	Overseas plant	USA, Belgium		China, Malaysia, U.K., USA, Mexico	
Local	Researched plant	F1	F2	G1	G2
	Country	USA, Cal.	USA, Ohio	Mexico	U.K.
	Established year	1980	1995	1988	1998
	Employee	67	60	618	125
	Answerer	22	16	200	48
	Surveyed year	2000	2001	2001	2001
	Answerer attribute	Mean　SD	Mean　SD	Mean　SD	Mean　SD
	a. Years of employment	9.10　5.13	16.22　15.27	2.93　2.73	7.81　3.68
	b. Age	41.40　7.47	46.67　13.26	27.64　7.90	38.62　10.06
	c. Sex Male	14	10	76	3
	Female	8	3	120	45
	Not Available	0	3	4	0

Researched company	Industry	Electrical (continued)	
	Company	H	I
Parent (head office)	Established year	1904	1925
	Capital (billion yen)	270	–
	Sales (billion yen)	3,000	–
	Employee	30,000	500
	Head office (Japan area)	Kanto	Germany
	Listed stocks (area)	Tokyo	–
	Overseas plant	Asia-Pacific, Europe, Middle East & Africa, North & South America	Germany
Local	Researched plant	H1　　　　H2	I1
	Country	China,　　Philippine	Germany
	Established year	1991　　　1995	1925
	Employee	1,600　　7,000	500
	Answerer	1,004　　1,090	126
	Surveyed year	2004　　　2006	2006
	Answerer attribute	Mean　SD　Mean　SD	Mean　SD
	a. Years of employment	5.09　4.26　5.30　2.69	11.23　10.13
	b. Age	26.47　9.24　26.35　4.32	36.71　10.49
	c. Sex Male	461　　　211	69
	Female	467　　　867	54
	Not Available	76　　　　12	3

参考文献

［１］ 野渡正博「作業集団における作業形態とチームワーク状態に関する定量的評価（縫製企業の場合）―インダストリアル　チームワーク　ダイナミックスの構築と検証（第２報）―」『日本経営工学会誌』Vol. 48, No. 4, 166-173 頁（1997）。

［２］ 野渡正博・ロバート　Ａ・ボルダ「作業力指向資質を持つ望ましい管理監督者像の認識に関する日米比較」『産業・組織心理学研究』Vol. 6, No. 2, 35-47 頁（1992）。

［３］ Nowatari. M., Aswad. A. A., "Extraction of Teamwork Determinants in Japanese Manufacturing Industries", *The Japanese Journal of Experimental Social Psychology*, Vol. 32, No. 3, pp. 269-284　(1993), 日本グループ・ダイナミックス学会。

［４］ 野渡正博「産業界の作業集団におけるチームワーク要因の関連性」『実験社会心理学研究』Vol. 34, No. 1, 1-9 頁（1994）, 日本グループ・ダイナミックス学会。

［５］ 野渡正博・ロバート・Ａ・ボルダ、「自動車産業における工場経営者のマネージング・スキルに対する認識―ＱＣサークル活動実施企業を中心として―」『産業・組織心理学研究,』Vol. 11, No. 1, 15-25 頁（1998）。

［６］ Nowatari. M. and others in Phillips, J.J. Jones, S. D. & Beyerlein, M.M. Editors, *Developing High-Performance Work Teams*, Volume 2, American Society for Training & Development (1999).

［７］ 野渡正博「製造現場のチームワークの評価と国際比較」*JMA Manage. Rev.*, Vol. 13, 12-16 頁（2007）。

［８］ 武田亜希・野渡正博「組織改革中のドイツ企業におけるチーム・コンピタンシーに関する研究」『日本経営工学会論文誌』Vol. 59, No. 2, 184-194 頁（2008）。

［９］ 武田亜希・野渡正博「日本の親企業従業員（日本人）とアメリカの現地法人従業員（アメリカ人）におけるチームワーク認識の差異」『日本経営工学論文誌』Vol. 59, No. 3, 253-259 頁（2008）。

［10］ Beyerlein, M.M. ed., *Work Teams: Past, Present and Future*, Kluwer Academic Publishers (2000).

［11］ 藤田彰久『生産文化論―生産文化とそのマネジメント』関西大学出版部（1999）。

［12］ 今田高俊『自己組織性と社会』東京大学出版会（2005）。

［13］ Leung, K., Lu, L. and Liang, X., "When　East and West Meet, Effective Teamwork across Cultures", in West A. M. and others eds., *The Essentials of Teamworking, International Perspectives*, pp. 281-301, John Wiley & Sons　(2005).

［14］ Robert, C., Probst, T.M., Martocchio, J.J., Drasgow, F. and Lawler, J.J., "Empowerment and Continuous Improvement in the United States, Mexico, Poland, and India: Predicting Fit on the Basis of the Dimensions of Power Distance and Individualism", *J. Appl. Psychol.*, Vol. 85, pp. 643-658（2000）.

［15］ Van Ark, B. and Timmer, M., *The ICOP Manufacturing Database: International Comparisons of Productivity Levels*, Vol. 3, pp. 44-51, Fall, International Productivity Monitor（2001）.

［16］ 三井宏隆『比較文化の心理学―カルチャーは社会を超えるのか―』ナカニシヤ出版（2005）。

［17］ 宗像正幸他編『現代生産システム論―再構築への新展開―』ミネルヴァ書房（2001）。

［18］ 奥林康司『現代労務管理の国際比較』ミネルヴァ書房（2000）。

［19］ 影山僖一『トヨタシステムと国際戦略―組織と制度改革の展望―』ミネルヴァ書房（2003）。

［20］ 風間信隆『ドイツ的生産モデルとフレキシビリティ―ドイツ自動車産業の生産合理化―』中央経済社（1997）。

148　第 4 部　社会学の視点

[21]　願興寺皓之『トヨタ労使マネジメントの輸出―東アジアへの移転過程と課題―』ミネルヴァ書房（2005）。

[22]　丸山惠也編『ボルボ・システム―人間と労働のあり方―』多賀出版（2002）。

[23]　大野　威『リーン生産方式の労働―自動車工場の参与観察にもとづいて―』御茶の水書房（2003）。

[24]　鈴木良治訳，T・L・ベッサー著『トヨタの米国工場経営―チーム文化とアメリカ人―』北海道大学図書刊行会（1999）。

[25]　田村　豊『ボルボ生産システムの発展と転換―フォードからウッデヴァラへ―』多賀出版（2003）。

[26]　板垣　博編著『日本的経営・生産システムと東アジア―台湾・韓国・中国におけるハイブリッド工場―』ミネルヴァ書房（1997）。

[27]　河村哲二編著『グローバル経済下のアメリカ日系工場』東洋経済新報社（2005）。

[28]　松戸武彦・高田利武編著『変貌するアジアの社会心理―中国・ベトナム・日本の比較―』ナカニシヤ出版（2005）。

[29]　吉原英樹『国際経営論』放送大学教育振興会（2005）。

[30]　大野昭彦『アジアにおける工場労働力の形成―労務管理と職務意識の変容―』日本経済評論社（2007）。

[31]　西田ひろ子編『グローバル社会における異文化間コミュニケーション』風間書房（2008）。

[32]　渡辺聰子・アンソニー・ギデンズ・今田高俊『グローバル時代の人的資源論』東京大学出版会（2008）。

[33]　小池和男『海外日本企業の人材育成』東洋経済新報社（2008）。

[34]　田中堅一郎『従業員が自発的に働く職場をめざすために―組織市民行動と文脈的業績に関する心理学研究―』ナカニシヤ出版（2004）。

第7章

民族心理学 / マレーシア

1. はじめに

　マレーシアは，多民族国家であり近隣諸国出身の従業員も数多く受け入れており，民族別の認識差異の確認が可能である。研究対象事業所は，日系の電気機器を生産する現地法人3社であり，主要回答者は，マレーシア人，インドネシア人，中国人，インド人である。さらに，ほぼ同時期に別途同様の調査を日本国内で行っており，日本人との認識差異の確認を行う。いずれの民族も日本人との認識差異は大きく，また3事業所で共通的に見られる認識差異は，日本とは異なるマレーシアの特徴であり，現地生産工場での生産マネジメントの留意点となる。

　生産現場を含む生産マネジメントは，グローバルな視点から自動車産業を中心に調査されている。また，日本人と各民族間のコミュニケーションに関する意識調査は，各国での実態を理解できる[1]。さらに，現地進出にあたっての提言も多い[2]。出身母国から現地責任者となるマネージャーにとって，ものづくりを行う現地作業者のチームワークに対する認識の理解とそのマネジメントは，経営上の課題である。これに関する問題点の多くは，チームワーク認識は国あるいは民族間では差異はなく，全て同じであるというという誤った暗黙の理解に基づくことに基因している。従って，チームワークを形式知に変換することは知識生成の意義も大きく，各国の産業人の相互理解にも貢献する[3]〜[5]。しかし，チームワークに関する日本人マネージャーと現地従業員との共通認識の生成が遅れており，これに関する知識の累積は各国の共通課題である。また，現地従業員は出生国での社会的影響，特に宗教の影響は日本以上

150　第 4 部　社会学の視点

である。ここで取り上げる各民族は，母国では異なる宗教圏に属しており，
チームワーク認識は大きく異なることが考えられる[6]。

　ほぼ同時期に国内で調査された日本人の認識と多民族国家マレーシアの現地
従業員の各民族とのチームワーク認識の差異を判別分析や主成分分析により
確認する。調査方法は，質問用紙によるアンケート調査（序章，表序-4，図
序-17 参照）である。5 段階評価（1，2，3，4，5）であり，プラス方向ほど
チームワークに対する好意的回答である。さらに，現地での工場見学と事業所
幹部に対するインタビューを実施している。

2. 研究対象企業

　マレーシアで現地生産を行う日系電機メーカーである。調査時点での A 事

表 7-1　研究対象企業

内容	事業所	日本 J	マレーシア A	B	C
概要	所在地（県 / 州）	神奈川県	スランゴール	ペナン	スランゴール
	調査年度	2004	2008	2008	2009
	設立年度	1943	1973	1991	1973
	資本金（億円）	50	30	10	5
	売上高（億円）	200	300	100	25
	生産品目	測量機器	半導体システム LSI	ファクシミリ MFP 装置	家電用・産業用電子リレー
	従業員（人）	300	1,411	574	800
	回答者（人）	114	615	476	419
	（ライン＋スタッフ）	(81 + 33)	(504 + 111)	(265 + 211)	(364 + 55)
個人属性	勤続年数　平均値	19.41	9.99	6.76	8.08
	（年）　標準偏差	5.28	7.96	5.16	8.08
	年齢　平均値	43.38	31.48	30.44	29.52
	（才）　標準偏差	5.75	8.77	8.51	8.42
生産支援	事業所長	日本人	日本人	日本人	日本人
	部門長	日本人	全員ローカル	約 70 % がローカル	全員ローカル
	日本人駐在員（人）	-	3	5	4

業所と C 事業所の操業年数は 35（年），B 事業所は 15（年）である。平均勤続年数は各事業所とも 7〜10（年），また平均年齢は 30（才）前後である。現地調査は 2008 年から 2010 年に卒業研究として行われた。A 事業所と C 事業所はマネジメントの累積効果が大きく，部門長は全て現地人である。いずれも日本人駐在員は少なく，マネジメントは現地化されている。日本の J 事業所は，組立作業が主となる労働集約型の作業が多く，匠の技量が必要とされる職場である（表 7-1）。

　各事業所は多くの民族を雇用しており，B 事業所ではマレーシア人よりも中国人やインドネシア人が多い。C 事業所の民族は多く，雇用形態も正社員と契約社員がいる（表 7-2）。

　さらに，各事業所ともに明確な生産戦略があり，創業以来の知識と知恵の蓄積効果に基づく独自の生産マネジメントを展開している（表 7-3）。

表 7-2　民族構成と個人属性

事業所 （回答者）	出身国 （民族）	回答者 （人）	回答者属性			
			勤続年数（年）		年齢（才）	
			平均値	標準偏差	平均値	標準偏差
A （n＝562）	マレーシア	393	9.27	7.955	30.29	8.728
	中国	32	12.43	7.450	35.50	6.564
	インド	137	10.33	7.734	32.31	8.255
B （n＝476）	マレーシア	90	7.97	4.357	33.66	9.057
	中国	157	8.06	6.005	33.22	7.894
	インドネシア	131	4.05	2.833	23.64	3.040
	インド	41	10.71	5.217	36.92	9.096
	ネパール	28	2.79	0.357	25.64	4.931
	ベトナム	29	2.84	0.375	27.47	5.048
C （n＝404）	マレーシア	249	10.57	8.216	31.97	8.426
	中国	12	14.70	10.646	35.08	10.379
	インドネシア	98	2.16	1.087	22.84	3.396
	インド	15	14.20	10.051	34.53	7.936
	ネパール	3	3.00	1.732	23.00	2.828
	ベトナム	4	2.00	0.000	22.00	2.160
	バングラディシュ	23	2.13	2.801	26.69	5.498

（国籍未記入，n＝68）

152   第4部　社会学の視点

表7-3　生産マネジメント（研究対象企業別）

事業所	A
生産戦略	東南アジア初の半導体製造拠点。
特徴	①. クリーンルーム内での自動化ラインと労働集約型の「後工程：アセンブリー」の組立ラインで形成, ②. 次世代の人材育成（IT，WTTP（職能教育））や従業員参加型活動を推進, ③. 民族や文化の差異を超えた企業文化をつくり，全員一丸となって会社の目標達成に向けて進む, ④. Line Company 制，⑤. CSR 活動重視，⑥. 日本語可能ローカル従業員 58 人。
ISO 認証取得	ISO9002, ISO14001, ISO9001, OHSAS18001

事業所	B
生産戦略	100% 輸出企業としての世界展開。
特徴	①. 完全同期型生産を目指すセル生産方式が主（基板アセンブル（UA ライン，SMT ライン）であり，組立が従（台車方式 U 字ライン，台車方式 U&I 字混合ライン）である, ②. 付加価値経営戦略，③. ロジスティック（VMI, JIT, KANBAN），④. マルチスキルオペレーション（多能工）, ⑤. 混合人種による混合ラインを一部採用，⑥. TVMS（時間的付加価値連鎖管理システム）運用。
ISO 認証取得	ISO9002, ISO14001, ISO9001, OHSAS18001

事業所	.C
生産戦略	①. 企業グループとしての初の海外進出企業，②. 100% 輸出企業であり，世界的シェアを保有。
特徴	①. 金型・部品製造から組立までの一貫生産，②. 24 時間操業，③. 全自動作業 65（%），半自動作業 35（%）。
ISO 認証取得	ISO9002, ISO14001, ISO9001, TS16949

3. 民族と宗教

　イスラム教圏は，これを国教とするマレーシアとインドネシア，バングラディシュを含む。ヒンドゥー教圏は，インドとネパールである。一方，仏教圏は，中国とベトナムである。布教に熱心なイスラム教圏やカースト制度の存在するヒンドゥー教圏は，社会慣習としての家族や友人，知人との結びつきが強く，チームワークを構成する凝集力の強さが予想される。国富としての一人あ

第 7 章　民族心理学 / マレーシア　*153*

表 7-4　布教宗教と国富　　　　　　　　　　　　　　（●主要布教宗教）

宗教	イスラム教		
出身国 / 民族	マレーシア	インドネシア	バングラディッシュ
宗教構成(1)	●イスラム教 （連邦としての宗教，国教） 仏教，儒教，ヒンドゥー教， キリスト教，原住民信仰	●イスラム教(88.8%)， キリスト教・プロテスタント(5.7%)， キリスト教・カトリック(3.0%)， ヒンズー教(1.7%)，仏教(0.6%)， 儒教(0.1%)，その他(0.1%)	●イスラム教(89.7%)， ヒンズー教(9.2%)， 仏教(0.7%)， キリスト教(0.3%)
国富 / GDP(US$)(2)	6,999	2,590	621

宗教	仏教	
出身国 / 民族	中国	ベトナム
宗教構成(1)	●仏教， イスラム教，キリスト教など	●仏教， カトリック教，カオダイ教など
国富 / GDP(US$)(2)	3,678	1,060

宗教	ヒンドゥー教	
出身国 / 民族	インド	ネパール
宗教構成(1)	●ヒンドゥー教(80.5%)， イスラム教(13.4%)， キリスト教(2.3%)，シク教(1.9%)， 仏教(0.8%)，ジャイナ教(0.4%)	●ヒンドゥー教(80.6%)， 仏教(10.7%)， イスラム教(3.6%)など
国富 / GDP(US$)(2)	1,031	642(3)

(1) 外務省(http://www.mofa.go.jp/mofaj)。
(2) GDP / Gross domestic product for each person, nominal, JETRO (http: //www. jetro. go. jp/world/), 2009 現在。
(3) 外務省(http://www.mofa.go.jp/mofaj)，2010 現在。

たりの国民総生産額（GDP）はマレーシアが高く，近隣国からの雇用を受け入れている（表 7-4）。

　ここで，各国の布教宗教は，第 6 章でも述べたように，個人情報である個人別の信仰宗教を確認できないため，各国で最も布教している宗教に回答者が属していると仮定している。

4.　解析および考察

　マレーシアの各民族と日本人のチームワークの認識差異について考察する。

154　第4部　社会学の視点

1970年以降，グローバル生産が積極的に展開され，海外生産高が国内よりも大きく上回る企業も少なくない。チームワークが暗黙知の時には顕在化していない課題が，形式知として顕在化させることによる新たな生産マネジメントの課題に対して積極的に取り組むことが望まれる。暗黙知から形式知への変換は，得られた形式知に対して，より上位レベルでの暗黙知が生成され，これに対してさらに形式知化が挑むというスパイラルなサイクルが繰り返えされる[7]．[8]。ここでは，日本国内で別途調査された計測器の生産工場におけるチームワーク認識を基準として，マレーシアの生産工場におけるチームワーク認識を比較確認する。さらに，各民族を母国の布教宗教圏の違いによる認識差異を確認する[9]。ここでは，イスラム教圏のマレーシア人とインドネシア人，仏教圏の中国人とベトナム人，さらにヒンドゥー教圏のインド人を取り上げている[10]。各事業所の従業員は，長年にわたる社内教育やOJTによって累積的な企業文化を身につけているが，母国宗教による幼少時からの精神的影響は残り，各民族のチームワーク認識は類似する傾向にある[6]。

　解析に先立ち，チームワーク評価因子の質問内容の類似性を確認するために内的整合性（内部一貫性）をクロンバッハの α 信頼性係数によって確認する。いずれも0.9以上と良好であり質問項目の類似性はマレーシアでも保証されて

表7-5　内的整合性（信頼性係数）・国（民族）　　　　　　P：12

出身国 （民族）	主要 布教宗教	事業所 （回答者）	α 信頼性係数	平均	全体 平均
マレーシア	イスラム教 （国教）	A(n＝393)	0.932 **	0.939	0.950
		B(n＝90)	0.934 **		
		C(n＝249)	0.952 **		
インド	ヒンドゥー教	A(n＝137)	0.952 **	0.948	
		B(n＝41)	0.944 **		
中国	仏教	A(n＝32)	0.974 **	0.972	
		B(n＝157)	0.969 **		
インドネシア	イスラム教	B(n＝131)	0.968 **	0.949	
		C(n＝98)	0.929 **		

*：p＜.05，**：p＜.01.

第 7 章　民族心理学／マレーシア　　155

いる[11]（表 7-5）。

4.1　事業所間比較

　日本の事業所を基準としたマレーシアの 3 事業所との認識差異は，平均正判
別率として 73.51（%）である。判別関数はいずれも統計的に有意であり，判
別係数は統計的有意性が得られたもののみの数値を表中に示す。B 事業所は，
労働集約型の組立作業が主であり，教育熱心な日本人社長の指導もあり他の事
業所よりも日本人との認識差異は少ない。日本の J 事業所も労働集約型の組立
作業が主であり，作業形態は類似している。A 事業所と C 事業所は，クリー
ンルーム下の自動生産ラインが主であり，日本の J 事業所とは異なる。さらに
C 事業所は，親企業としての初の海外進出企業であるため進出当初から力を入
れるとともに，日本国内の親工場の生産マネジメントを取り入れているため

表 7-6　日本とマレーシアの事業所との比較

チームワーク評価因子	基準(回答者)	日本(n=114)：2004 年度調査		
	比較(事業所)	A	B	C
	(回答者)	(n=615)	(n=476)	(n=419)
	定数項	2.400	-3.069	-0.335
	判別式	判別係数	判別係数	判別係数
作業力	1 作業管理の状態	0.553**	0.832**	0.810**
	2 直属の上司による作業指導	-0.775**	-0.314**	
	3 リーダーによる作業指導			
	4 リーダーによる気配り	0.830**	0.736**	0.451**
	5 作業遂行の能力	0.372**	0.268**	
	6 作業確認(進度，品質，量)	-0.564**		
凝集力	7 一体感	-0.691**	-0.727**	-1.664**
	8 雰囲気	1.402**	0.759**	1.776**
	9 人間関係			
	10 モラール(やる気)		0.701**	0.388**
	11 作業上の相互補完			
	12 満足度	-1.656**	-0.944**	-1.810**
判別関数の統計的有意性		**	**	**
正判別率(%)		75.31	70.17	75.05

*：$p < .05$,**：$p < .01$.

156　第 4 部　社会学の視点

に，作業力では統計的に有意となる因子は少ない。これは，事業所の累積効果
としての日本型生産マネジメントの浸透と理解される。一方，凝集力は現地の
社会習慣や宗教観の影響を大きく受けている。また，マレーシアの 3 事業所で
共通的に確認される日本人との認識差異がある。統計的に有意な因子は，作業
力の「作業管理の状態（因子 1）」，「リーダーによる気配り（因子 4）」，凝集力
の「一体感（因子 7）」，「雰囲気（因子 8）」，「満足度（因子 12）」である。い
ずれも t 検定および F 検定においても確認されており，生産マネジメントの
留意点である（表 7-6）。

4.2　民族間比較

　日本人とマレーシアの各民族との認識差異を事業所別に確認する。全体の正
判別率は，78.41（％）と大きく異なっている。一部回答者の少ないデータで
は判別関数の統計的有意性は低いが，他の事業所では有意性が得られている。
イスラム教圏で 79.32（％），ヒンドゥー教圏で 81.83（％），さらに仏教圏は
73.63（％）である。日本人用に作成された調査内容であるため，同じ仏教圏
である中国とベトナムの正判別率は低位傾向にある。イスラム教圏やヒン
ドゥー教圏の民族は，日本人基準の内容では彼らの認識をとらえることができ
ず，正判別率は 80（％）前後と高い。彼ら独自のチームワークの因子が存在
する可能性がある。
　ここで，注目すべき点は，各宗教圏で共通的に確認できる評価因子の存在で
ある。イスラム教圏では，作業力の「作業管理の状態（因子 1）」，「リーダー
による気配り（因子 4）」，凝集力の「雰囲気（因子 8）」，「満足度（因子 12）」
の各因子を中心として日本人の平均値や標準偏差と大きく異なっている。ヒン
ドゥー教圏では，作業力の「リーダーによる気配り（因子 4）」，あるいは，全
体傾向としての「作業管理の状態（因子 1）」，凝集力の「満足度（因子 12）」
が留意すべき評価因子である。同様にして，仏教圏では作業力の「作業管理の
状態（因子 1）」，凝集力の「満足度（因子 12）」が留意すべき因子である。
従って，マレーシア全体として留意すべき因子は，「作業管理の状態（因子
1）」，「リーダーによる気配り（因子 4）」，「満足度（因子 12）」となる。この知

第7章　民族心理学／マレーシア　　*157*

見を生産マネジメントに生かさなければならない。各国のチームワークは，日本人と大きく異なることを事前に理解し，日常の生産活動をマネジメントする必要がある。特にネパール，バングラディシュ，インドネシア，インドで正判別率が高く生産マネジメントの留意点である。これらの国々に対する心理学的知見は少なく，先進国の工場進出において留意する必要がある（表7-7）。

多民族国家マレーシアの民族別チームワーク認識は，日本人とは大きく異なることが確認された。海外生産工場における心理学による実践的研究成果はな

表7-7　日本とマレーシアの各民族との比較（判別分析）

基準／日本(n=114)

主要布教宗教		イスラム教					
比較(出身国／民族)		マレーシア(国教)			インドネシア		バングラディシュ
比較(現地事業所)		A	B	C	B	C	C
(回答者)		(n = 393)	(n = 90)	(n = 249)	(n = 131)	(n = 98)	(n = 23)
定数項		3.129	-3.327	-1.093	-5.655	5.143	-2.356
チームワーク評価因子 判別式		判別係数	判別係数	判別係数	判別係数	判別係数	判別係数
作業力	1 作業管理の状態	0.530**	1.073**	0.719**	0.878**	1.310**	1.254**
	2 直属の上司による作業指導	-0.774**					
	3 リーダーによる作業指導					-1.332**	
	4 リーダーによる気配り	0.994**	1.073**	0.468**	1.276**	0.750**	1.285**
	5 作業遂行の能力	0.338**				-0.678**	
	6 作業確認(進度,品質,量)	-0.448**			-0.991**		-0.798 *
凝集力	7 一体感	-0.848**	-1.062**	-1.691**	-0.695**	-2.131**	
	8 雰囲気	1.555**	1.159**	1.838**	1.374**	2.437**	2.210**
	9 人間関係						
	10 モラール(やる気)	-0.622**	0.856**	0.371**	1.632**		1.323**
	11 作業上の相互補完					-0.907**	
	12 満足度	-1.599**	-1.339**	-1.710**	-1.283**	-1.602**	-2.690**
判別関数の統計的有意性		**	*	**	**	**	a
正判別率(%)	事業所	77.12	76.96	73.83	82.45	81.60	83.94
	出身国／民族	75.97			82.03		83.94
	主要布教宗教	79.32					
	全体	78.4					

aa：p＜.20, a：p＜.10, *：p＜.05, **：p＜.01.

158　第4部　社会学の視点

表 7-7　日本とマレーシアの各民族との比較（判別分析）（続き）

基準 / 日本(n=114)

	主要布教宗教	ヒンドゥー教			
	比較(出身国 / 民族)	インド			ネパール
	比較(現地事業所)	A	B	C	B
	(回答者)	(n=137)	(n=41)	(n=15)	(n=28)
チームワーク	定数項	2.892	-6.282	3.465	4.074
評価因子	判別式	判別係数	判別係数	判別係数	判別係数
作業力	1 作業管理の状態	0.547**		1.984**	1.578**
	2 直属の上司による作業指導	-0.765**			
	3 リーダーによる作業指導		-0.833*		
	4 リーダーによる気配り	0.920**	1.057**	1.511**	1.252**
	5 作業遂行の能力	0.478**			0.958**
	6 作業確認(進度，品質，量)	-0.689**			-1.326**
凝集力	7 一体感			-2.397**	
	8 雰囲気	1.056**	2.225**		
	9 人間関係				
	10 モラール(やる気)		1.280**	1.670**	
	11 作業上の相互補完				
	12 満足度	-1.898**	-0.817**	-1.601**	
	判別関数の統計的有意性	**	*	aa	**
正判別率 (%)	事業所	76.10	78.06	83.72	89.44
	出身国 / 民族	79.29			89.44
	主要布教宗教	81.83			
	全体	78.41			

aa : p ＜ .20, a : p ＜ .10, * : p ＜ .05, ** : p ＜ .01.

く，本研究アプローチは日本以外の外資系製造産業にも有益である。グローバル生産を支える各国の生産現場では，民族，宗教，社会習慣そして各事業所独自の累積的な生産マネジメントを背景として，作業チームによる独自のものづくりが行われている。チームワーク研究は，従来のリーダーシップ研究を超えた新しいパラダイムである。従来の心理学研究の対象は，ホワイトカラーを中心とする事務系職員や管理職，マネージャーに重点が置かれており，ものづくりの生産現場にはほとんど研究の場を持たない。世界経済における日本の立場

第 7 章　民族心理学 / マレーシア　　*159*

表 7-7　日本とマレーシアの各民族との比較（判別分析）（続き）

基準 / 日本(n=114)

	主要布教宗教	仏教			
	比較(出身国 / 民族)	中国			ベトナム
	比較(現地事業所)	A	B	C	B
	(回答者)	(n= 32)	(n＝157)	(n＝12)	(n＝29)
チームワーク	定数項	-1.382	-3.034	-1.427	1.150
評価因子	判別式	判別係数	判別係数	判別係数	判別係数
作業力	1 作業管理の状態	1.601**	1.005**		0.982**
	2 直属の上司による作業指導				
	3 リーダーによる作業指導		-0.524**		
	4 リーダーによる気配り		0.882**		
	5 作業遂行の能力		0.323 *		
	6 作業確認(進度, 品質, 量)		-0.561**		0.888**
凝集力	7 一体感				-1.987**
	8 雰囲気	1.214**	0.963**		1.624**
	9 人間関係				
	10 モラール(やる気)		1.089**		
	11 作業上の相互補完				-1.224**
	12 満足度	-2.113**	-1.562**		-1.109**
判別関数の統計的有意性		aa	*	－	aa
正判別率 (%)	事業所	71.92	71.96	73.02	77.62
	出身国 / 民族	72.30			77.62
	主要布教宗教	73.63			
	全体	78.41			

aa : p ＜ .20, a : p ＜ .10, * : p ＜ .05, ** : p ＜ .01.

は，将来も加工貿易立国であり，この点を理解し研究を展開する必要があり，広く産業界からのご支援と研究の場のご提供を期待している。

参考文献

[1]　西田ひろ子編著『マレーシア，フィリピン進出日系企業における異文化間コミュニケーション摩擦』多賀出版（2002）。

[2]　パーカー・マイク，スローター・ジェイン編著・戸塚秀夫監訳『米国自動車工場変貌，ストレスによる管理と労働者』緑風出版（1995）。

160　第4部　社会学の視点

［3］　野渡正博「チームワークマネジメントの提案と国際展開」『経営システム』（社）日本経営工学会，Vol. 13, No. 1, 25-28 頁（2003）。

［4］　野渡正博「グローバル生産を支える海外生産現場のチームワーク構造」『IE レビュー』日本インダストリアル・エンジニアリング協会（日本 IE 協会，JIIE），Vol. 53, No. 2. 65-73 頁（2012）。

［5］　野渡正博「グローバル生産を支えるチームワークマネジメント，社会関係資本の具現化と経営工学」『経営システム』公益社団法人日本経営工学会，Vol. 25, No. 1, 32-37 頁（2015）。

［6］　野渡正博「宗教と国富に基づくチームワーク認識差異の確認，インダストリアル チームワーク ダイナミックスの構築と検証（第3報）」『日本経営工学会論文誌』Vol. 60, No. 4. 197-210 頁（2009）。

［7］　野中郁次郎・竹内弘高・梅本勝博『知識創造企業』東洋経済新報社（2008）。

［8］　マイケル・ポラニー著，長尾史郎訳『個人的知識，脱批判哲学をめざして』ハーベスト社（2010）。

［9］　三浦徹『イスラム世界の歴史的展開』放送大学教育振興会（2012）。

［10］　高木保興・河合明宣『途上国を考える』放送大学教育振興会（2014）。

［11］　野渡正博・飛田甲次郎『生産タクトの差異が中国人ライン作業者のチームワーク認識に与える影響』『産業・組織心理学研究』Vol. 26, No. 2, 107-120 頁（2013）。

第 5 部

GITD の検証 / 海外

ITD の海外における展開として GITD を実証している。2000 年以降の 21 世紀における海外事例研究は，ITD と同様にして研究室学部ゼミ生の卒業研究，修士課程，博士課程の学位論文としてまとめられた。解析結果は，社会生産性とチームワークマネジメントの成果として各研究対象事業所に提案している。いずれも彼らの勉強の成果である。

GITD の検証は，第 5 部で中国の電機産業，第 6 部でタイの自動車産業とベトナムの電機産業の事例を紹介する。いずれも興味ある知見が得られており，国を超えて GITD の適合可能性を確認している。

第8章

中　　国

1. はじめに

　GITD の第一報は，世界の工場と市場を持つ中国を取り上げる。ここでは，生産タクトとマネジメントの累積効果としての各事業所の操業以降の経過期間が，中国人ライン作業者のチームワーク認識に与える影響を確認する。研究対象事業所は，同じ日本国内の親企業に属している中国国内の4事業所であり，日系現地法人である。また，回答者は，現地工場の第一線でものづくりを行っている生産現場の作業者である中国人である。

　日常の生産活動で働く作業チームのチームワークを集団力学の集団過程としてとらえ，そのチーム内のリーダーシップとフォローアーシップからなるチームワークに対する認識の内部構造を考察する[1]～[4]。特に現地経営を担うマネージャーにとって，現地作業者のチームワークのマネジメントは，各国の産業人にとって生産経営上の共通課題である。現地作業者および日本人マネージャーの両者にとっても，チームワークをベースとした win-win の関係を生成することが重要である。作業チームの生産性向上は，企業業績向上に大きく影響を与える。特に，作業者に依存する労働集約型産業で顕著である。

　企業の根源的なニーズは利益追求であり，そのために生産現場ではパフォーマンス（アウトプット／リソース）を向上させ，生産タクトの短縮化とそれに基づくアウトプット向上を求められる。また，市場要求に素早く応えるためにも，生産タクトを可能な限り短縮する必要がある。さらに，不動化する在庫を抱えないためにも，市場の消費スピードに合わせたものづくりが必要であり，生産タクトの短縮は不可欠である。このように生産タクトは，生産マネジメン

164 第5部 GITD の検証／海外

トの中核をなす指標である。他方，これを現地に浸透し定着させるには，現地人のマネジメント層への登用が必要であるが，これには一定の教育と実務経験の取得期間が必要とされる。本研究では，この経過期間をマネジメントの累積効果への影響として取り上げる。

　生産タクト短縮は，同一のリソース（設備や人員など）でより多くの製品産出を可能とし，利益増大をもたらす。改善提案等は部分最適化であるが，生産タクトは生産システム全体に影響を与えるため，全体最適化としての企業業績に影響を与える。さらに，生産タクトは事業所全体の生産速度であり，これは市場の消費速度に基づいて設定されるが，これは実際に採用される生産システムによって実現される。生産システムは，どこで（ロケーション），何を（生産品目），どれくらい（生産規模），どのように（生産システムとそれを構成する生産技術（工程設計，設備設計，レイアウト設計，作業設計など））の生産戦略に基づくとともに，投資収益の観点からも評価され決定される。この生産システムが，生産タクトを刻み，マネジメントの累積効果を一体化した総合指標としての利益に結実する。このような生産システムから最大限の利益を生み出すのが，マネージャーの本質的で日常的な役割である。生産システムの基本リズムである生産タクトを達成し，維持改善するために継続的に部下の指導を行い，マネジメント効果を蓄積しなければならない。

2. 調査概要

　GITD（序章，図序-4 参照）では，チームワークに対する認識は，チームワーク評価因子により評価を行っている。これは作業力の6因子（質問項目数：32）と凝集力の6因子（質問項目数：47）の12因子（質問項目数：79）から構成されている。また5段階評価（1，2，3，4，5）であり，プラス方向がチームワークに対する認識が良好であることを意味する。作業力は，作業チームとして与えられた職務（工程・作業）を遂行するための能力を確認する因子群である。凝集力は，作業チームとしての集団維持機能に対する認識を確認する因子群である（第4章，表4-1 参照）。

第8章　中　国　*165*

　チームワークに関する調査は，アンケートによる質問紙法であり，2007年夏に中国の各事業所を訪問し，調査の主旨を工場幹部に説明を行うとともに，工場見学やミーティングを行っている。訪問時に，日本語のアンケート調査用紙を持参し，中国語への翻訳を現地駐在日本人と日本語を理解できる現地中国人に依頼し，中国語版のアンケート調査用紙を作成している。筆者によるオリジナル調査項目であり，評価尺度や質問項目の妥当性は，数多くの研究成果において検証されている（第3部，第4部参照）。その後，2007年10月にアンケート調査が各事業所で実施された。2007年11月から2008年12月に卒業研究として解析が行われ，この間2008年8月に学生を引率して中国の各事業所で約一週間にわたり中間報告を行い，各工場から頂いた貴重なコメントが卒業研究論文に生かされている。

　最初に，アンケート項目内容が中国人においても類似性が保たれていることを確認するためにクロンバッハのα信頼性係数（内的整合性（内部一貫性））を求める。一般的に，0.800以上であれば，アンケート内容の類似性が保証されると言われているが，いずれも0.800以上であり，内的整合性は良好であ

表8-1　アンケート項目の類似性
全体（ライン＋スタッフ），n＝4,501

層別		質問項目	クロンバッハのα信頼性係数
チームワーク評価因子		79	0.972
作業力 （P＝6，p＝32）	1 作業管理の状態	5	0.871
	2 直属の上司による作業指導	5	0.870
	3 リーダーによる作業指導	5	0.890
	4 リーダーによる気配り	5	0.933
	5 作業遂行の能力	8	0.852
	6 作業確認	4	0.842
凝集力 （P＝6，p＝47）	7 一体感	10	0.886
	8 雰囲気	12	0.928
	9 人間関係	4	0.939
	10 モラール（やる気）	6	0.869
	11 作業上の相互補完	9	0.813
	12 満足度	6	0.848

表8-2　アンケート項目の類似性／
ライン　　　　　P＝12

事業所	回答者（人）	クロンバッハのα信頼性係数
全体	3,571	0.933
大連	1,873	0.930
上海(1)	1,080	0.919
上海(2)	349	0.951
広州	269	0.930

166　*第 5 部　GITD の検証 / 海外*

る。および全回答者 4,501 人におけるチームワーク評価因子（質問項目，
p＝79 基準）の結果を示す（表 8-1）。

　また，生産ラインに従事する回答者の事業所全体と事業所別における各評価
因子（因子数，P＝12 基準）の α 信頼性係数を示す（表 8-2）。

3.　研究対象企業

　回答者は 4,501 人であり，研究対象企業は大連（中国東北部），上海 2 事業
所（中国東部），広州（中国南部）の計 4 事業所である。各事業所の総経理の
日本での職位は，おおむね各事業所の従業員規模に対応している。従業員規模
としては，大連と上海(1)が 2,000 人を超えるが，上海(2)と広州は 500 人程度
の中規模事業所である。また，従業員の平均勤続年数は大連，上海(1)，上海
(2)は 4 年前後であり，広州が約 1 年と短い。平均年齢は上海(2)が約 26 歳，
大連が約 23 歳，広州が約 22 歳，上海(1)が約 20 歳である（表 8-3）。

　マネジメントの特徴は，従業員の賃金よりも事業所全体の能率（生産実績）
を重視する事業所が多いが，上海(1)のみが従業員の賃金を重視し定着率向上
を目指している。これは，高額な設備投資回収に伴う稼働率維持向上のためで
ある。生産品目は，いずれも電子部品・機器が主であるが，一般消費者向けの
民生用機器を生産している大連は他の 3 事業所とは異なる。他の 3 事業所は，
いずれも産業用機器である。マネジメントの累積効果は，設立 / 操業開始時点
から調査時点までの稼働年数を代用特性としてとらえることができる。これ
は，操業以来の稼働年数が長いほど，多くの試行錯誤の経験を経たマネジメン
トの知恵が蓄積されており，幅と奥行きのあるより強いマネジメント能力が生
成されるためである。大連と上海(2)が 10 年以上と長く，上海(1)と広州が 3
年前後と短い。しかし，独立していた 3 社が合併した上海(1)は，2005 年以前
もそれぞれ単独で稼働しており，合併前の 3 社はそれぞれ 10 年以上の稼働年
数がある。つまり，広州のみが新設の事業所であり，稼働年数も短い。生産タ
クトは，該当事業所全体の生産速度を示すものであり，徹底した自動機による
自動化ラインを持つ上海(2)の数秒のタクトタイムから大連，上海(1)，広州の

第 8 章 中 国 *167*

表 8-3　事業所と個人属性

2007 年 9 月

事業所	設立(年)	創業(年)	職位(b)	従業員(人)	回答者(人)	勤続年数(年)		年齢(才)	
						平均	標準偏差	平均	標準偏差
大連	1991	1993	部長	2,300	2,104	4.07	4.17	22.96	5.41
上海(1)		2005(a)	役員	2,400	1,550	3.61	3.48	19.75	5.41
上海(2)	1993	1994	課長	460	423	4.07	4.86	26.40	8.24
広州	2005	2005	部長	470	424	1.14	0.80	22.05	4.68

(a)系列企業 3 社が合併，(b)総経理の日本での職位。

表 8-4　生産戦略

2007 年 9 月

事業所	マネジメントの視点	生産品目	累積効果(a)	生産タクト(b)	生産システム
大連	高能率＞高賃金 競争力強化	電子部品・機器	14	60	コンベアライン
上海(1)	高能率＜高賃金 定着率向上	制御システム	2	60〜300	U 字ライン
上海(2)	高能率＞高賃金 競争力強化	電子部品・機器	13	2	自動機
広州	高能率＞高賃金 競争力強化	電子部品・機器	2	300	島型ライン

(a) 稼働年数(年)，(b) 事業所全体としてのタクトタイム／(秒／個)。

分単位までと幅広く，それらを支える生産技術と生産システムは異なる。大連では手作業による組立が主であり，上海(1)ではU字型ラインが主であり，広州では島型ラインでの手作業による組立と自動化ラインとの併用である（表8-4）。

4.　解析および考察

事業所全体の生産速度である生産タクトは，生産ライン編成とこれを支える作業者の割当てにより遂行される。ここに，作業チームが生成され，日常のも

168　第5部　GITDの検証／海外

のづくりの中で与えられた職務に対して自らの作業チームの資源を適応させる集団過程が生成される。この過程で，日本型生産経営を進出国に適合・適応させることとなり，国内とは異なる社会的背景が中国人の集団過程やその内部構造に影響を与える[5], [6]。

4.1　チームワーク認識の概要

　短い生産タクトは，作業者に配分する作業量を少なくし，その繰り返し回数を多くする。このことにより，作業者は共通して習熟効果を早く得ることとなり，作業管理や作業指導の効果は大きい。また，その作業時間や作業能力の標準偏差は，生産現場の自動化レベルの影響を受け，そのレベルが高いほど，人手作業は減少するため，チームワーク評価因子の作業力のバラツキは小さくなる。一方，チームワーク評価因子の凝集力は，マネジメントの累積効果による影響が大きいと考えられる。ここでは，各事業所の操業からの経過年数を取り上げている。経過年数は，マネジメント活動の累積資産の大きさを示すこととなり，凝集力をより強める。それらは，従業員の能力向上という無形資産，あるいはマニュアルといった有形資産であり，これらの生成過程を通じて凝集力が向上する。生産タクトの長短や自動化レベル，マネジメントの累積効果が，各事業所間や各作業チーム間でのチームワーク認識差異を生じさせる。さらに，従業員の勤続年数は，作業力，凝集力に影響を与え，製品品目数は，作業の多様化と複雑性をもたらすため作業力に強く影響を与える。

　全体（n＝4,501）の平均値は，作業力（3.99）が凝集力（3.93）よりやや大きく，標準偏差は，作業力（0.753）が凝集力（0.683）よりやや大きい。勤続年数は，平均4年であり，日本の親企業の平均14年の約1／3と短く，従業員のマネジメントの累積効果は小さい。このため凝集力が作業力に比べやや弱い。大きい標準偏差は，自動化レベルが日本国内より低いためである。事業所別の平均値は，全体（ライン＋スタッフ），ラインおよびスタッフでは，上海⑵の認識が一番強く，上海⑴が低い。大連と広州がその中間にある。スタッフは，上海⑵と大連で認識が強く，上海⑴と広州が低い。標準偏差の全体（ライン＋スタッフ）およびラインでは，上海⑵が最小であり，他事業所と

第8章　中　国　*169*

比較しても顕著である。この上海(2)は，4事業所で最も生産タクトが短く，マネジメントの累積効果が2番目に長く，自動化レベルが最も高いことに着目すれば妥当な結果である。

　更に，生産現場のマネージャーは，作業者への配慮が高く，後述するチームワークの一体感も強い。このように，稼働後の経過年数に基づくマネジメントの累積効果が大きい事業所は，チームワーク認識が高い傾向にある。また，ラインの回答者は，短い生産タクトが高いチームワーク認識を持つ傾向にある。しかし，スタッフの回答者は，生産タクトよりもマネジメントの累積効果の影響を大きく受けており，事業所独自の生産マネジメントがチームワーク認識に影響を与えている。平均値に着目すると，大連，上海(2)，広州は，作業力が凝集力よりも強く，上海(1)だけが合併して日は浅いものの，賃金を重視するというマネジメントの視点もあり凝集力の認識がやや強い傾向にある。標準偏差は，前述したように，上海(2)が他の事業所よりも小さい。生産タクトが中程度の大連を基準としたチームワーク全体の平均値では，認識が低い上海(1)と高い上海(2)で統計的有意差がある。また標準偏差は，より低い値として上海(2)と広州で有意差がある（表8-5）。

　チームワーク評価因子の平均値では，共通的に低い因子は，作業力の「リーダーによる気配り（因子4）」と凝集力の「作業上の相互補完（因子11）」，「満足度（因子12）」である。中国の個人能力評価主義がライン作業者への個人主義強化を生成させており，自己成長に対するリーダーによる気配りのなさに対する不満と作業上の相互補完への認識不足，さらなる自己実現への強い認識が現状への満足度の低下をもたらしている。標準偏差では，小さい因子は作業力の「作業遂行の能力（因子5）」と凝集力の「作業上の相互補完（因子11）」である。「作業遂行の能力（因子5）」は，当然のことながら「作業管理の状態（因子1）」とも強く関係している。また，「作業上の相互補完（因子11）」は，日常のものづくりにおいては強い共通認識を持っている。しかし，平均値は低いため認識および行動が充分に行われていない。特に，この因子は，日本型生産マネジメントを中国に適合・適応させるための大きな課題といえる。さらに，平均値では，短い生産タクトは高いチームワーク認識をもたらし，長い生

170　第5部　GITDの検証／海外

表8-5　チームワーク評価因子の基礎統計／大連基準

	チームワーク評価因子	事業所(回答者)							
全体（ライン＋スタッフ）		大連 (n=2,104)		上海(1) (n=1,550)		上海(2) (n=423)		広州 (n=424)	
		平均	標準偏差	平均	標準偏差	平均	標準偏差	平均	標準偏差
	作業力	4.05	0.751	3.83**	0.761	4.30**	0.643**	3.95**	0.694*
	凝集力	3.98	0.689	3.84**	0.666	4.28**	0.625**	3.87**	0.650
	全体	3.99	0.722	3.83**	0.715	4.29**	0.634**	3.91*	0.673

	チームワーク評価因子	事業所(回答者)							
ライン		大連 (n=1,873)		上海(1) (n=1,080)		上海(2) (n=349)		広州 (n=269)	
		平均	標準偏差	平均	標準偏差	平均	標準偏差	平均	標準偏差
	作業力	4.02	0.767	3.77**	0.804	4.28**	0.656**	3.93*	0.685*
	凝集力	3.92	0.695	3.79**	0.681	4.25**	0.631*	3.85	0.635
	全体	3.97	0.734	3.78**	0.745	4.27**	0.644**	3.89	0.662*

	チームワーク評価因子	事業所(回答者)							
スタッフ		大連 (n=231)		上海(1) (n=470)		上海(2) (n=74)		広州 (n=155)	
		平均	標準偏差	平均	標準偏差	平均	標準偏差	平均	標準偏差
	作業力	4.27	0.546	3.97**	0.630*	4.37	0.577	3.96**	0.708**
	凝集力	4.17	0.594	3.94**	0.618	4.42**	0.577	3.92**	0.672
	全体	4.22	0.573	3.96**	0.624	4.39*	0.577	3.94**	0.690*

＊：p<.05，**＊＊**：p<.01.

産タクトは低いチームワーク認識をもたらす傾向がある（表8-6）。

4.2　チームワーク認識差異

　判別分析により，ライン作業者の事業所別の認識差異を確認する。正判別率とF検定で統計的有意性が確認された判別関数の判別係数（1以上のみ）を示す[7], [8]。生産タクトが中程度の大連を基準とした正判別率は，いずれも約80（％）と高く，各事業所のチームワーク認識は，凝集力の因子を中心として大きく異なる。これは，マネジメントの累積効果による影響であり，作業力の因子は取り込まれていない。上海(1)，上海(2)，広州では，「雰囲気（因子8）」，

表8-6 ラインの基礎統計（大連基準）

チームワーク評価因子	事業所（回答者）	大連 (n=1,873)		上海(1) (n=1,080)		上海(2) (n=349)		広州 (n=269)	
		平均	標準偏差	平均	標準偏差	平均	標準偏差	平均	標準偏差
作業力	1 作業管理の状態	4.31	0.664	4.20**	0.643	4.54**	0.531**	4.26	0.558**
	2 直属の上司による作業指導	4.11	0.717	3.74**	0.810**	4.36**	0.610**	3.96**	0.686
	3 リーダーによる作業指導	4.06	0.735	3.77**	0.771	4.32**	0.640**	3.91**	0.724
	4 リーダーによる気配り	3.81	0.924	3.31**	0.981*	4.18**	0.738**	3.61**	0.810**
	5 作業遂行の能力	3.92	0.664	3.87*	0.583**	4.18**	0.615	3.93	0.525**
	6 作業確認(進度，品質，量)	3.91	0.765	3.73**	0.715*	4.12**	0.693*	3.94	0.610**
凝集力	7 一体感	3.90	0.695	3.64**	0.644**	4.22**	0.590**	3.76**	0.581**
	8 雰囲気	4.11	0.686	3.90**	0.635**	4.34**	0.566**	3.92**	0.602**
	9 人間関係	4.02	0.571	4.10**	0.696**	4.47**	0.626*	4.04	0.693**
	10 モラール(やる気)	4.07	0.705	3.89**	0.619**	4.35**	0.605**	3.98**	0.570**
	11 作業上の相互補完	3.64	0.619	3.76**	0.583*	4.13**	0.639	3.78**	0.534**
	12 満足度	3.75	0.756	3.43**	0.701**	3.99**	0.643**	3.59**	0.707
全体	1~6	4.02	0.767	3.77**	0.804	4.28**	0.656**	3.93*	0.685*
	7~12	3.92	0.695	3.79**	0.681	4.25**	0.631*	3.85	0.635
	1~12	3.97	0.734	3.78**	0.745	4.27**	0.644**	3.89	0.662*

＊：p＜.05，＊＊：p＜.01.

「人間関係（因子9）」が共通的に確認できる。また，生産タクトが最短の上海(2)ではさらに「作業上の相互補完（因子11）」も取り込まれている。作業力の各因子は事業所間では平均値の軸間に差はあるものの，そのパターンは類似しているため認識差異を確認できず，判別係数のウェイトも低い。つまり，事業所間の認識差異は，マネジメントの累積効果に基づく凝集力に左右されている。しかし，上海(2)にのみ取り込まれた「作業上の相互補完（因子11）」を生産タクトとの関係で考察すると，生産タクトが最短の上海(2)では他事業所よりも凝集力が作業力の波及効果により一段と強化されていると考えられる。また，生産タクトが大連より大きい上海(1)や広州では「雰囲気（因子8）」と「人間関係（因子9）」によりチームワークを維持している。このように，生産タクトが短くなると，より強い凝集力を求める。これは，生産タクトが長い場合は，ラインストップ直後の回復作業は可能であるが，数秒と短い場合は回復不能であるため，普段からのより強い相互補完が常に求められる（表8-7）。

172　第5部　GITDの検証／海外

表8-7　ラインのチームワーク認識差異／判別分析による抽出因子 a

基準事業所：大連（n=1,873）

チームワーク評価因子 \ 比較事業所	上海(1) (n=1,080)	上海(2) (n=349)	広州 (n=269)
作業力	-	-	-
凝集力	8 雰囲気 −1.644**	8 雰囲気 −2.640**	8 雰囲気 −2.107**
	9 人間関係 3.149**	9 人間関係 7.548**	9 人間関係 4.830**
		11 作業上の 相互補完 1.102**	
正判別率(%)	78.04	83.35	78.24
判別関数の統計的有意性	**	**	**

＊：p＜.05，＊＊：p＜.01.

a. 判別係数が1以上のチームワーク評価因子。

4.3　チームワーク認識の緊密性

　4事業所の因子別の平均値に対して主成分分析を行い，生産タクトと因子負荷量に基づく作業チームのチームワークの緊密性との関係を確認する。第Ⅰ主成分は，全て正の類似した値であり，チームワークを表現する軸と解釈できる。また，第Ⅱ主成分は生産性指向の軸と解釈でき，作業力と凝集力に層別可能である。第Ⅱ主成分までの累積寄与率は60（％）を越えており，充分に説明可能である。第Ⅰ主成分および第Ⅱ主成分に対応する因子負荷量を示す。一部の因子で混在する傾向があるものの，中国人は日本人と同様に作業力と凝集力に層別可能である（表8-8）。

　次に，これらの因子負荷量の座標点からその距離を求め，これらに基づく面積をチームワークの緊密性として考察する。4事業所のチームワークの緊密性は，チームワーク評価因子全体では，上海(2)，広州，上海(1)そして大連の順序で面積が小さく，生産タクトが最小の上海(2)で集中感が一番強い。作業力では，集中感の強い大連，上海(2)は生産タクトが比較短く，集中感がやや弱い上海(1)，広州は生産タクトが長いグループに層別できる。さらに凝集力で

第 8 章　中　国　　*173*

表 8-8　**ラインのチームワーク認識**

チームワーク評価因子	事業所（回答者）	大連 (n=1,873)		上海(1) (n=1,080)		上海(2) (n=349)		広州 (n=269)	
		I	II	I	II	I	II	I	II
作業力	1 作業管理の状態	0.698	−0.035	0.653	0.020	0.710	0.313	0.678	0.228
	2 直属の上司による作業指導	0.764	−0.281	0.702	0.549	0.809	0.372	0.761	0.510
	3 リーダーによる作業指導	0.784	−0.279	0.704	0.544	0.823	0.399	0.767	0.477
	4 リーダーによる気配り	0.778	−0.308	0.633	0.581	0.852	0.204	0.715	0.472
	5 作業遂行の能力	0.757	−0.030	0.748	0.068	0.765	0.101	0.716	0.068
	6 作業確認（進度，品質，量）	0.711	0.031	0.707	0.003	0.790	0.051	0.694	−0.222
凝集力	7 一体感	0.859	0.055	0.829	−0.175	0.889	−0.162	0.841	−0.108
	8 雰囲気	0.832	0.226	0.795	−0.411	0.848	−0.300	0.856	−0.257
	9 人間関係	0.991	−0.021	0.716	−0.492	0.829	−0.332	0.787	−0.366
	10 モラール（やる気）	0.790	0.281	0.787	−0.210	0.858	−0.188	0.771	−0.300
	11 作業上の相互補完	0.446	0.720	0.582	−0.469	0.728	−0.329	0.623	−0.416
	12 満足度	0.713	−0.129	0.739	0.081	0.756	−0.090	0.736	−0.071
累積寄与率(%)		59.3	67.1	51.8	65.5	65.0	71.9	56.0	66.8

表 8-9　**ラインのチームワークの緊密性**

チームワーク評価因子	事業所（回答者）	大連 (n=1,873)			上海(1) (n=1,080)			上海(2) (n=349)			広州 (n=269)		
		距離 a		面積	距離		面積	距離		面積	距離		面積
		第Ⅰ（横軸）①	第Ⅱ（縦軸）②	③=①×②	第Ⅰ（横軸）①	第Ⅱ（縦軸）②	③=①×②	第Ⅰ（横軸）①	第Ⅱ（縦軸）②	③=①×②	第Ⅰ（横軸）①	第Ⅱ（縦軸）②	③=①×②
作業力		0.086	0.399	0.034	0.115	0.578	0.066	0.142	0.348	0.049	0.089	0.732	0.065
凝集力		0.545	0.849	0.462	0.247	0.550	0.136	0.161	0.242	0.039	0.233	0.345	0.080
全体		0.545	1.028	0.560	0.247	1.050	0.259	0.179	0.731	0.131	0.233	0.926	0.216
マネジメントの累積効果(年)		14			2			13			2		
生産タクト(秒)		60			60〜300			2			300		

a 第Ⅰ主成分軸上と第Ⅱ主成分軸上のそれぞれに対応する因子負荷量の正方向と負方向の極値間の距離.

174 第5部 GITDの検証／海外

図8-1 ラインのチームワークの緊密性（大連，上海(2)）

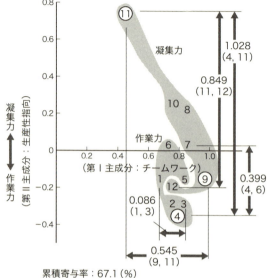

大連(n=1,873)

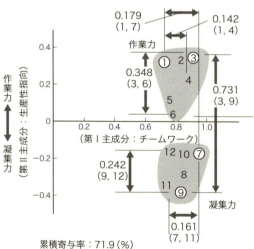

上海(2)(n=349)

は，上海(2)，広州，上海(1)，大連の順序で緊密性は強く，従業員数規模の小さいほど凝集力の強化をもたらしている。このように，作業力では生産タクトが影響を与え，凝集力では従業員規模とマネジメントの累積効果が影響を与えている（表8-9）。

　ここで，チームワーク評価因子全体の面積が最大の大連（③ 0.560）と最小の上海(2)（③ 0.131）について述べる。大連の特徴は，関係する2工場が自動車で10分程度離れているため，凝集力の「作業上の相互補完（因子11）」が他の因子と大きく遊離している。一方，生産タクトが最も短い上海(2)は，自動化レベルが高いため，作業力と凝集力が明確に分離される。両者の面積も同程度であり，各因子の相互関係も保たれている（図8-1）。

4.4　チームワーク認識の階層構造

　階層的内部構造過程を可視化するためにクラスター分析により考察する。また，一致プロット（コーフェン相関係数：r0）により再現性を確認する。ここでは，群平均法（クラスター化法）とユークリッド距離（評価基準）を採用している。4事業所全体の階層構造は，作業力と凝集力が明確に分離されている。さらに，日本型チームワークで最も重視されている「作業上の相互補完（因子11）」が大きく遊離している。中国では，日本型生産マネジメントのこの重要因子に留意し，現地化すべきである（図8-2）。

　事業所別では，マネジメントの累積効果の少ない上海(1)と広州において，凝集力が一つのクラスターとして明確に形づけられている。上海(1)は合併されて日は浅いものの，それ以前もそれぞれ独立して個々に稼働していたこともあり，作業力を分離するように凝集力が取り囲んでいる。これに対して，広州は創業後の経過年数も短く，作業力と凝集力が明確に分離されている。マネジメントの累積効果の大きい大連と上海(2)は作業力と凝集力が混在一体化されて認識されている。いずれも最初に凝集力の「一体感（因子7）」と「雰囲気（因子8）」と「人間関係（因子9）」がクラスターを形成しているのが特徴である。これとほぼ併行して作業力の「直属の上司による作業指導（因子2）」と「リーダーによる作業指導（因子3）」と「リーダーによる気配り（因子4）」を

176　第5部　GITDの検証/海外

図8-2　全体（4事業所）の階層構造（n＝3,571, r0＝0.925）

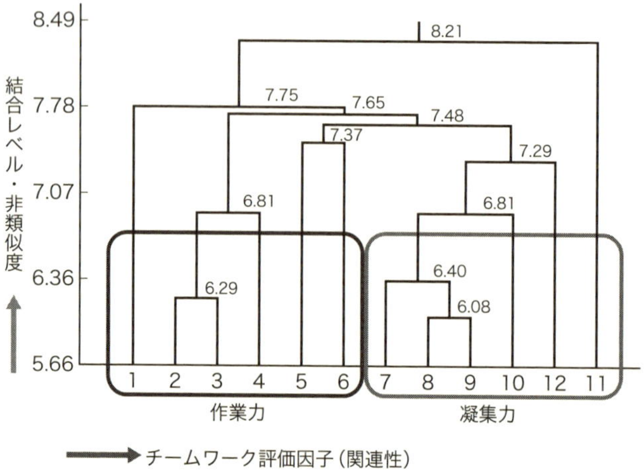

結合レベル・非類似度

8.49

7.78

7.07

6.36

5.66

8.21

7.75　7.65　7.48

7.37　7.29

6.81　6.81

6.40

6.29　6.08

1　2　3　4　5　6　7　8　9　10　12　11

作業力　　　　凝集力

→ チームワーク評価因子（関連性）

形成しており，中国人のチームワーク主要因子といえる。

　日本型マネジメントの優れた特徴である「作業上の相互補完（因子11）」が，作業のつなぎ部分である自主的相互補完体制が移植されておらず，生産マネジメントにおける機会損失を生じている。上海(1)では比較的中段階レベルで取り込まれているものの，逆に作業力の「直属の上司による作業指導（因子2）」と「リーダーによる作業指導（因子3）」と「リーダーによる気配り（因子4)」の3因子が全く孤立しており，チームワークの初期段階の姿である。これらの3因子は，階層構造形成の初期段階で取り込まれる必要があり，大連や上海(2)のように安定したチームワークを形成できる。各工場ではいずれも個人レベルの認識は高いものの，チームワークで重要と思われる「作業上の相互補完（因子11）」の認識が低く，補完意識が欠落している。現状では，個人で行うべき仕事を確実に行わせることに重点が置かれた生産マネジメントが実践されており，機会損失を低減させるためにもチームワークを生かした生産マネジメントを構築する必要がある（図8-3）。

　最後に，各事業所間の位置づけについて考察すると，比較的生産タクトの長

第8章 中　国　177

図8-3 事業所別の階層構造

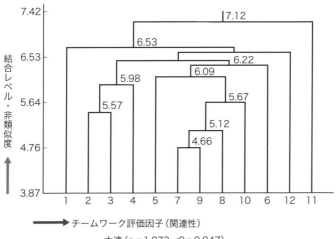

大連（n=1,873, r0=0.847）

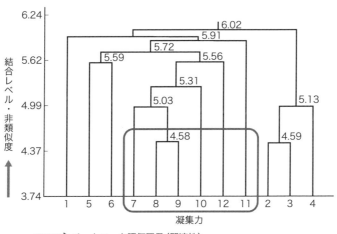

上海（1）(n=1,080, r0=0.838)

178　第5部　GITDの検証／海外

図 8-3 事業所別の階層構造（続き）

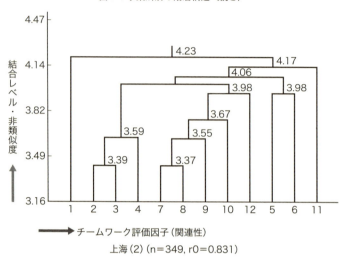

上海(2) (n=349, r0=0.831)

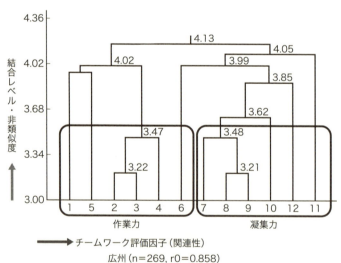

広州 (n=269, r0=0.858)

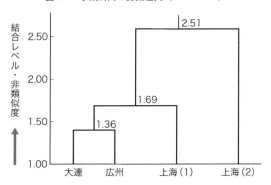

図8-4　事業所間の認識差異（r0＝0.914）

い3事業所は，チームワーク認識に対して一つのクラスターを形成するのに対して，生産タクトが短く，かつ自動化の進んでいる上海(2)はそれらとは独立しており認識が大きく異なっている（図8-4）。

　中国の生産現場において，生産タクトとマネジメントの累積効果の差異が中国人のチームワーク認識に影響を与えることを確認した。ここでは，マネジメントの累積効果は高い凝集力をもたらし，タクトタイムの短縮は高い作業力をもたらしている。さらに短いタクトタイムの作業力は，凝集力にも波及効果をもたらすことが確認された。従来研究では確認されていない成果である。一方，マネジメントの累積効果はその事業所の稼働年数を代用特性として一括検討したが，累積効果の構成要因は未だ暗黙知の世界であり，形式知化することが将来の課題である。

　次のステップとして，国内外での実践研究活動を通じて，チームワークマネジメントを提唱し，社会生産性の概念を確立する必要がある。

参考文献

[1]　古川久敬『チームマネジメント』日本経済新聞社（2004）。
[2]　山口裕幸『チームワークの心理学』サイエンス社（2008）。
[3]　圓川隆夫『我が国文化と品質』日本規格協会（2009）。
[4]　ナンシー J. アドラー著・小林規一訳『チームマネジメント革命』センゲージランニング（2009）。

180　第5部　GITD の検証／海外

［5］　奥林康司・庄村　長・竹林　明・森田雅也・上林憲雄『柔構造組織パラダイム序説』文眞堂
　　　　（1994）。
［6］　西田ひろ子編『米国，中国進出日系企業における異文化間コミュニケーション摩擦』風間書房
　　　　（2007）。
［7］　奥野忠一・芳賀敏郎・矢島敬二・奥野千恵子・橋本茂司・古河陽子『続　多変量解析法』日科
　　　　技連出版社（1991）。
［8］　奥野忠一・久米　均・芳賀敏郎・吉澤　正『改訂版　多変量解析法』日科技連出版社（1992）。

第6部

社会生産性とチームワークマネジメント /
GITD の発展

ITD と GITD における事例研究を通じて，チームワーク形式知化アプローチを構築したので，次のステップとして彼らのチーム生産性との関連性を明確化させる評価システムが望まれる。これが生産マネジメントのなかに取り込まれることにより労働生産性や企業業績の向上へとより強く結びつく。将来の生産マネジメントにおいては，人間性・社会性を志向するチームワークとしての社会システムと，生産性を志向する固有技術や管理技術に基づく生産システムとの両者によるグローバルな視点からの社会生産性が求められる。学際的アプローチである社会生産性は，社会システムとしての評価尺度としてのチームワーク認識と，生産システムの評価尺度としてのチーム生産性との両者によって評価される。ここに，チームワークマネジメントが展開される。新しいパラダイムに基づく生産戦略である[1]。

現代生産経営の第一歩は，フレデリック・W・テイラーによる人間観察と人間理解に基づく科学的管理法の提唱に始まる。当時の生産現場における成り行き管理に対して，時間研究を主とした実証的データに基づき，これを駆逐している。一方，現代の生産現場のチームワークに目を転じると，その現状は依然として暗黙知であり，Taylor 時代における成り行き管理であり，マネジメントの対象外となっている。Taylor の科学的管理法の提唱から 100 年を経て，生産現場における第二の科学的管理法としてのチームワークマネジメントの構築が求められる。チームワークをその作業チーム内に存在する社会システムとしてとらえ，生産システムと融合させる生産マネジメントは，新生産戦略としての可能性は大きい。生産の基本的要因は，人，物，金，情報であるが，人に関する研究は，物，金，情報ほどにはなされておらず，生産現場での心理学研究も少ない。人的資源管理は，個人能力の評価とそのマネジメントが中心であり，本研究とは異なる。生産現場におけるチームワークは，心理学の未踏分野であり，それに対する評価システムも存在せず，暗黙知のままに放置されている。マネジメントの対象としてチームワークを活用することが急務である。我が国の労働生産性は，一部の製造業を除き先進国の中で低い。改善志向による累積的効果はあるものの，イノベーションのジレンマに落ち込んでおり，従来

アプローチとは異なる新生産戦略パラダイムが求められる。生産現場は，経験則としてのチームワークに関する知恵や知識が個人レベルで蓄積されているが，これを組織的に評価するシステム構築の努力が足りず，機会損失を生じている。現状の暗黙知を形式知に変換することにより，このジレンマを打破する可能性は大きい。チームワーク認識の設定は，暗黙知である作業チームの社会システムを明確にし，社会関係資本と社会心理学に基づく集団価値に帰着させる形式知として確認できる。チーム生産性は，IE が従来から生産システムを評価している。この両者による評価が社会生産性による評価となり，これにより各作業チームが評価される。従って，社会システムのマネジメントが，労働生産性向上をもたらすこととなる。

　近年，ハーバード・ビジネス・スクールのマイケル・ポーター教授らが，CSV（Creating Shared Value）を提唱し，競争重視から社会価値と経済価値の両者からなる「共通価値の戦略」の重要性を指摘している[2]。生産戦略の評価にも社会システムと生産システムの両者によるアプローチが求められる。さらに，生産主体としての作業チームの心理的側面と彼らの生産性との直接的関係は，未開拓な研究分野であり，チームワーク主体の社会システムは，グローバル生産を展開する各国にも展開可能である。社会関係資本は，日常の社会活動は組織や集団の構成員が持つ相互信頼や相互補完によって支え合うことが重要であり，これらの社会関係を資本として蓄積し成果向上を目指す必要があると指摘している。従来の組織論では取り上げられていない分野であり，社会における協調行動の活性化を通じて，社会の効率性を高めるものである。信頼関係，互酬性の規範，無償の利他的行動，ネットワークなどにより社会をマネジメントすることの重要性を説いている。組織論の職階に基づく垂直的人間関係ではなく，平等主義に基づく水平的人間関係の生成である。しかし，これに対する産業界の認識は低い。

　本研究に連なる一連の研究では，チームワーク認識と彼らのチーム生産性との関係を単純な相関モデルとして想定していたが，その後の国内外の研究では，さらに一歩踏み込んだ考察が求められている。ここでは，リーダーシップの PM 類型理論に基づき，社会生産性を 4 象限に層別し各作業チームの位置

づけを確認する。チームワーク認識を横軸に，チーム生産性を縦軸に取り，それぞれの平均値を原点とする二次元平面上の各象限に各作業チームを布置し，各象限に属する作業チーム全体を一つのクラスターとし，チームワークマネジメントを展開している。チームワークマネジメントは，各象限間のチームワーク評価因子の基礎統計や判別分析により影響を与える因子とそれらを構成する質問項目の確認に基づいて，チームメンバーを教育指導し，チーム生産性を向上させることが可能である。社会生産性のマネジメントにおいては，職場ごとにチーム生産性の高い作業チーム群のチームワーク認識をベンチマーキングとし，それ以外の作業チームは，低い認識のチームワーク評価因子とこれを構成する質問項目内容を確認し，これらを高める活動が求められる。設備投資を必要としないアプローチであり，経済的にも有益である。また，同一の作業チームであっても，そのチームワークは日々変化するとともに，市場からの社会的要因にも大きく影響を受けるので，ベンチマーキングの作業チームも常に変化する。定期的なチェックによるチームワークマネジメントが求められる（序章，図序-8 参照）。

　社会生産性に基づくチームワークマネジメントの適応事例を第 9 章のタイと第 10 章のベトナムの生産現場で検証する[3]。社会システムの評価は，前述したように，チームワーク評価因子による 5 段階評価（1, 2, 3, 4, 5）であり，数値が高いほどチームワークに対する認識は好意的回答となる。

第9章

タ　イ

1.　研究対象企業

　タイのバンコック市近郊の工業団地にある日系工場である。卒業研究の一環として 2012 年度に調査を行い，2013 年度に発表，質疑応答，提案を行っている。現地訪問 3 回を通じて，工場見学，アンケート調査，幹部社員との面談，調査結果の報告を行っている。報告会では，チームワークマネジメントとしての改善事項を提案している。回答者は，ハーネス組付け生産ラインに従事するタイを母国とする正規従業員と契約社員（勤務年数 1 年未満）である。会社運営方針は，自主性尊重である。主役はタイ人であり，日本人は脇役に徹しており，究極はタイ人のみの運営を目指している。現在，部門長マネージャーの多くがタイ人である。また，社長や副社長（ともに日本人）らは毎週，定期的にタイ人のマネージャーや一般従業員とミーティングを行い，コミュニケーションの維持向上に努めている。このような状況から，離職率は約 4（％）と低く，派遣社員も一年間の勤務状況により正社員に登用する場合が多い。また，作業チームとしての生産性評価も行っており，生産現場のチームワークに対する興味は強い。勤務体制は二直が主であるが，毎年 30（％）の賃上げの影響もあり，改善活動の熱意は高い。作業内容は車載用ワイヤーハーネスの組付け作業であり，縦 3 メートル×横 5 メートルのハーネス組み付け板を垂直に立て，板上の配線図に従って多種多様のワイヤー配線を立ち作業で行う典型的な労働集約型作業である。主要生産ラインは特殊な流れ作業の形態であり，市場要求に基づくサイクルタイムは，品種により多様であり，作業編成がその都度行われる。永年にわたる創意工夫が蓄積されている。納入先は日本，アメリ

表 9-1　研究対象企業

(2013 年)

工場 / 設立年度	Siam / 1994,　Amata / 2002,　Central / 2005,
資本金(億円)	10
売上(億円)	600
生産品目	車載用ワイヤーハーネス
従業員(人)	8,400
回答者(人)	1,269 / 男性：248,　女性：976,　未記入：45

カ，アジア，ヨーロッパ等である。研究対象は，Amata, Siam, Central の 3 工場である。回答者の個人属性は勤続年数，年齢，性別であり，勤続年数は平均で約 4 年，平均年齢は 28 歳弱と類似しており，女性が約 80（%）である（表 9-1）。

2.　社会生産性

　チームワーク認識に関するアンケート調査（序章，表序-4 参照）は，2012 年 10 月に実施された。また，チーム生産性は，各作業チームの日常のモノづくりにおけるチームワーク活動を最も反映する生産性指標として作業能率を生産管理部から頂いた。これは，チームワークが良好であれば作業時間は短縮し，人数の投入量も少ないことによる。調査期間は，2012 年 4 月から 9 月の上期 6 ケ月とし，アンケート調査時期に対応している（表 9-2）。

　ここで，作業能率＝標準工数 /（朝礼 ＋ 清掃 ＋ 作業時間）×（リーダー ＋ 作業者）

3.　チームワーク過程

　GITD 解析モデルに従い，主成分分析によりその相互関係を確認する。第 I 主成分と第 II 主成分の因子負荷量の交点に各因子に対応する番号を布置し，作業力，凝集力として，チームワーク評価因子間の相互関係を確認する。第 II 主

第 9 章 タ イ *187*

表 9-2 作業チームの社会生産性評価

（平均値）（2012 年）

工場	回答者	作業チーム	回答者	勤続年数（年）	年齢（才）	性別(1)	社会生産性			生産システム
							社会システム			
							チームワーク評価因子			チーム生産性
							作業力	凝集力	全体	作業能率（%）
Amata	359	1	39	5.20	27.88	1.69	3.09	3.09	3.09	82.64
		2	38	4.05	27.37	1.76	2.80	2.88	2.84	86.11
		3	52	4.63	30.28	1.81	3.17	3.22	3.20	88.05
		4	37	3.81	27.57	1.84	3.31	3.38	3.34	81.42
		5	23	4.95	30.82	1.87	3.45	3.41	3.43	81.78
		6	32	3.81	27.97	1.78	3.56	3.63	3.60	79.69
		7	51	3.33	27.18	1.84	3.23	3.44	3.33	77.44
		8	87	3.94	26.88	1.87	3.45	3.57	3.51	65.54
	全 体		44.88	4.21	28.24	1.81	3.26	3.33	3.29	80.33
Siam	470	1	75	4.56	27.36	1.72	3.65	3.81	3.73	82.95
		2	50	3.24	26.53	1.86	4.21	4.17	4.19	45.73
		3	47	2.97	25.93	1.74	3.90	3.97	3.94	54.48
		4	100	3.92	27.88	1.82	3.29	3.36	3.33	68.08
		5	48	2.83	26.40	1.72	3.74	3.80	3.77	84.74
		6	50	2.81	27.41	1.90	4.03	4.20	4.11	72.41
		7	100	6.90	29.88	1.74	3.90	3.87	3.89	73.23
	全 体		67.14	3.89	27.34	1.79	3.82	3.88	3.85	68.80
Central	340 (2)	1	55	3.62	28.00	1.87	2.54	2.74	2.64	60.63
		2	33	3.69	27.92	1.74	3.68	3.73	3.70	60.32
		3	44	2.77	27.26	1.90	3.38	3.43	3.41	61.88
		4	58	3.03	27.13	1.82	2.91	3.01	2.96	54.95
		5	23	2.97	27.68	1.64	3.62	3.38	3.50	66.02
		6	17	2.66	27.27	2.00	2.73	3.26	2.99	59.40
		7	40	3.18	26.53	1.61	3.50	3.45	3.48	59.17
		8	30	2.50	26.25	1.84	2.97	3.41	3.19	59.18
		9	19	2.89	27.00	1.56	4.02	4.02	4.02	57.18
		10	21	4.05	27.80	1.86	4.00	4.13	4.07	53.17
	全 体		34.00	3.14	27.28	1.78	3.34	3.46	3.40	59.19
3 工 場 全 体			46.76	3.69	27.61	1.79	3.45	3.53	3.49	68.65

(1): 男性：1，女性：2　(2): 作業能率尺度が異なるため，一部の作業チーム（n＝100）を削除。

188　第6部　社会生産性とチームワークマネジメント／GITD の発展

図9-1　チームワーク過程

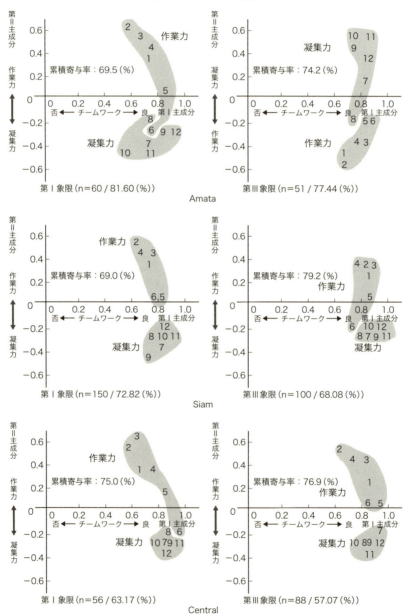

成分までの累積寄与率はいずれも約70（％）と良好であり，第Ⅰ主成分はいずれも正の値であり，チームワークを示す軸と解釈できる。一方，第Ⅱ主成分は因子負荷量の正負の値によって，作業チームとしての作業力と凝集力に層別可能である。第Ⅰ象限（チームワーク認識：高，チーム生産性：高）と第Ⅲ象限（チームワーク認識：低，チーム生産性：低）を示す。ここで，作業力の「作業遂行の能力（因子5）」と「作業確認（因子6）」が凝集力グループの近接に布置し，他の作業力4因子から離れる傾向があり，凝集力は作業遂行能力も含めてとらえる必要がある。ここで，Amataの第Ⅲ象限における第Ⅱ主成分軸の解釈が逆であるが，解析上処理のため問題はない（図9-1）。

4. 社会生産性に基づく作業チームの布置

工場別に各作業チームの布置を行う。ここで，チームワーク評価因子全体（作業力 ＋ 凝集力）について示す。作業力および凝集力でも同様の結果を確認している（序章，図序-8参照）（図9-2）。

5. チームワークマネジメント

工場別に第Ⅰ象限と第Ⅲ象限の比較を行い，生産マネジメントを構成する社会システムの評価尺度としてのチームワーク認識と，生産システムの評価尺度としてのチーム生産性の関係について考察する。第Ⅲ象限の作業チームでは，第Ⅰ象限よりも平均値が低く，標準偏差が大きい傾向があるため，いずれも全体的なチームワークマネジメントが必要である。

Amataは，作業力のみが第Ⅰ象限と第Ⅲ象限の比較が可能である。判別分析における正判別率は約68（％）であり，統計的に有意である判別係数は，作業力の「直属の上司による作業指導（因子2）」，凝集力の「モラール（因子10）」，「満足度（因子12）」である。また，「直属の上司による作業指導（因子2）」は平均値でも有意があり，この因子の認識向上によるチーム生産性の向上が可能である。従って，これらの因子を構成する質問項目の平均値の向上と，

図9-2 社会生産性に基づく作業チームの布置

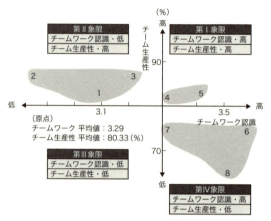

Amata（作業チーム＝8, n＝359）

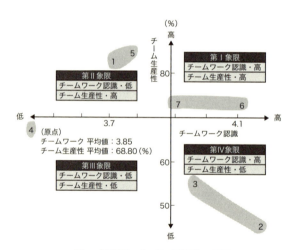

Siam（作業チーム＝7, 回答者＝470）

標準偏差の低減のための作業指導や教育等を行う必要がある（表9-3）。

Siamでは，チームワーク評価因子全体（作業力 ＋ 凝集力）と作業力，凝集力いずれも第Ⅰ象限と第Ⅲ象限において検討可能である。第Ⅲ象限の第Ⅰ象限

第9章 タイ　191

図9-2　社会生産性に基づく作業チームの布置（続き）

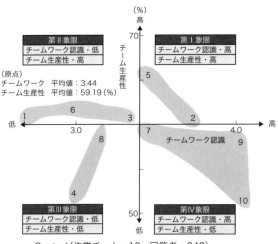

Central（作業チーム＝10，回答者＝340）

に対する平均値の低下と標準偏差の増大傾向は両者の勤続年数差異の約1.5年に起因すると思われる[3]。正判別率は約70（％）であり，判別関数も危険率10（％）で有意である。判別係数として統計的に有意な因子は，作業力の「直属の上司による作業指導（因子2）」，「作業遂行の能力（因子5）」，凝集力の「雰囲気（因子8）」，「モラール（因子10）」である。これら因子を構成している質問項目の認識向上によりチーム生産性を向上させる（表9-4）。

Centralでは，チームワーク評価因子全体（作業力 + 凝集力）と作業力では，第Ⅰ象限に対して第Ⅲ象限は平均値の低下を確認できる。正判別率は約77（％）と高く，判別関数も危険率5（％）で有意である。判別係数として統計的有意差を確認できる因子は，作業力の「作業管理の状態（因子1）」，「リーダーによる気配り（因子4）」と凝集力の「人間関係（因子9）」である。これらの因子を構成する質問項目の認識向上によるチーム生産性向上が可能である（表9-5）。

また，凝集力でも正判別率は約77（％）と高く，判別関数も危険率10（％）で有意である。有意な判別係数は，作業力の「作業管理の状態（因子1）」，

192　第6部　社会生産性とチームワークマネジメント／GITDの発展

表 9-3　社会生産性による評価／Amata／作業力

生産システム／社会システム		作業チームの層別				判別分析 2.028 (定数項)
		第Ⅰ象限 (n=60) 作業能率81.60（%）		第Ⅲ象限 (n=51) 作業能率77.44（%）		
		平均値	標準偏差	平均値	標準偏差	判別係数
個人属性	勤続年数	4.24	3.476	3.33	2.582*	−0.027
	年齢	28.82	6.100	27.18	4.942	−0.014
	性別(1)	1.85	0.360	1.84	0.367	0.105
チームワーク評価因子	作業力 1	3.49	0.839	3.36	0.789	0.057
	2	3.64	0.834	3.17**	0.816	−1.365**
	3	3.47	0.853	3.26	0.789	0.507
	4	2.98	1.000	2.98	0.929	0.227
	5	3.44	0.711	3.38	0.815	−0.429
	6	3.16	0.726	3.21	0.716	−0.167
	凝集力 7	3.43	0.748	3.49	0.703	0.310
	8	3.04	0.747	3.16	0.791	0.363
	9	3.43	0.838	3.44	0.716	−0.279
	10	3.71	0.728	3.50	0.828	−1.041**
	11	3.37	0.751	3.46	0.751	0.376
	12	3.38	0.832	3.57	0.676	1.030**
	作業力	3.36	0.857	3.23	0.816	正判別率(%) 67.59
	凝集力	3.39	0.795	3.44	0.751	
	全体	3.38	0.826	3.33	0.790	判別関数の統計的有意性 −(2)

（1）：男性：1，女性：2，（2）：統計的有意差なし，
　　＊：p<.05，＊＊：p<.01.

「リーダーによる気配り（因子4）」と凝集力の「人間関係（因子9）」である。これらの因子を構成する質問項目にマネジメントを行う（表9-6）。

　各工場を通じて，作業力の「リーダーによる気配り（因子4）」で平均値が低く，標準偏差が大きい。これは，作業者が作業経験を通じてメンバーからリーダーに昇格しても，チーム責任者としてのマネジメント能力不足の者が多いことに起因しており，全体的課題として現在取り組んでいる。

6. 成果

　研究対象企業では，調査以降も生産マネジメントのレベルアップを継続して

表9-4 社会生産性による評価／Siam／チームワーク評価因子・作業力・凝集力

生産システム / 社会システム			作業チームの層別				判別分析 −6.004（定数項）
			第Ⅰ象限（n=150）作業能率72.82（%）		第Ⅲ象限（n=100）作業能率68.08（%）		
			平均値	標準偏差	平均値	標準偏差	判別係数
個人属性	勤続年数		5.54	4.246	3.92 **	4.297	0.083 **
	年齢		29.05	4.973	27.88	4.936	0.029
	性別(1)		1.79	0.496	1.82	0.387 **	−0.222
チームワーク評価因子	作業力	1	3.97	0.747	3.33 **	0.932 *	0.212
		2	4.11	0.692	3.37 **	1.079 **	0.354 *
		3	4.13	0.673	3.42 **	1.058 **	0.200
		4	3.84	0.810	3.18 **	1.140 **	−0.054
		5	3.92	0.661	3.33 **	1.083 **	−0.422 **
		6	3.70	0.766	3.11 **	0.916 *	0.264
	凝集力	7	3.92	0.708	3.34 **	0.919 **	0.047
		8	3.74	0.749	3.16 **	0.891	0.469 **
		9	3.98	0.704	3.45 **	0.942 **	−0.258
		10	4.11	0.679	3.46 **	1.034 **	0.515 *
		11	3.99	0.737	3.33 **	1.093 **	−0.250
		12	4.13	0.696	3.42 **	1.098 **	0.345
	作業力		3.94	0.740	3.29 **	1.039 **	正判別率（%）69.55
	凝集力		3.98	0.722	3.36 **	1.000 *	
	全体		3.96	0.731	3.33 **	1.020 **	判別関数の統計的有意性　a

(1)：男性：1, 女性：2,
a：p<.10, *：p<.05, **：p<.01.

いる。この間，納入先の指導に基づく TPS の導入により，生産リードタイムを週単位から日単位，さらに時間単位へと大幅に短縮している。チームワークマネジメントのみの成果を求めることはできないが，この成果も含む幅広い工場マネジメントによる総合的活動成果を示す。チームワークマネジメント提案後の約4年にわたる生産マネジメントの成果を確認している。ここで，アンケート調査を 2012 年 10 月に実施しているため，評価項目は 2012 年上期の各数値を 100 として基準化を行っている。

　生産マネジメントの成果としての労働生産性は，工場全体の直近の 2015 年度下期では，作業能率を約 11（%）上昇させ，不良率を約 1／3 に低減させている。この間に新規品種の増加による品種切り替え回数の増加，生産台数の減

194　第6部　社会生産性とチームワークマネジメント／GITDの発展

表9-5　社会生産性による評価／Central／チームワーク評価因子・作業力

社会システム　＼　生産システム		作業チームの層別				判別分析
		第Ⅰ象限(n=56)		第Ⅲ象限(n=88)		−3.697
		作業能率63.17（％）		作業能率57.07（％）		（定数項）
		平均値	標準偏差	平均値	標準偏差	判別係数
個人属性	勤続年数	3.38	2.773	2.89	2.785	0.056
	年齢	27.81	4.611	26.89	4.868	0.003
	性別(1)	1.69	0.466	1.83	0.381	−0.620
チームワーク評価因子	作業力 1	3.92	0.761	2.94**	0.927	1.775**
	2	3.52	1.059	2.92**	0.905	0.131
	3	3.64	0.885	3.01**	0.919	−0.556
	4	3.54	0.942	2.79**	1.031	0.547*
	5	3.82	0.661	3.04**	0.967**	0.629
	6	3.50	1.051	2.88**	0.899	−0.035
	凝集力 7	3.70	0.862	3.15**	0.998	−0.360
	8	3.24	0.852	2.91*	0.982	0.034
	9	3.49	0.918	3.23	1.033	−1.545**
	10	3.79	0.892	3.35**	1.033	−0.085
	11	3.58	1.030	3.10**	1.035	0.253
	12	3.71	0.986	3.13**	1.014	0.512
	作業力	3.65	0.912	2.93**	0.942	正判別率（％） 76.86
	凝集力	3.59	0.936	3.14**	1.015	
	全体	3.62	0.924	3.04**	0.984	判別関数の統計的有意性　＊

(1)：男性：1，女性：2，
＊：p＜.05，＊＊：p＜.01．

少，リードタイム短縮等による生産ラインの再編成が常時実施されている点を考慮すると，生産現場の確実な現場力を確認できる。また，離職率は約1／4に低下しており，作業チームの集団価値への強い認識向上の影響がみられる。

　工場別では，Amataは2015年度下期において品目数とリードタイムは，3工場で最大であり，ライン再編成への労力を多く求められている。不良率の低減度合いは最高である（累積的向上③）。Siamは，稼働期間が最長であり工場としてのノウハウ蓄積等による累積的効果が大きく，離職率も最低という安定した職場である（累積的向上③）。従って，作業チームとしての集団価値を強く認識している。品目数とリードタイムは中位である。Centralは，操業年数が最短であり，品目数とリードタイムも最小である。作業能率の向上は，8期

第9章 タ イ　195

表 9-6　社会生産性による評価／Central／凝集力

生産システム 社会システム		作業チームの層別				判別分析 −5.240 （定数項）
		第Ⅰ象限(n=33) 作業能率63.17（％）		第Ⅲ象限(n=88) 作業能率57.07（％）		
		平均値	標準偏差	平均値	標準偏差	判別係数
個人 属性	勤続年数	3.69	2.510	2.89	2.785	0.129
	年齢	27.92	4.307	26.89	4.868	0.008
	性別(1)	1.74	0.447	1.83	0.381	−0.238
チーム ワーク 評価因子	作業力 1	3.80	0.770	2.94**	0.927	1.128**
	2	3.38	1.193	2.92	0.905*	−0.260
	3	3.72	0.955	3.01**	0.919	0.004
	4	3.71	0.878	2.79**	1.031	0.803**
	5	3.81	0.655	3.04**	0.967*	−0.321
	6	3.68	0.867	2.88**	0.899	0.584
	凝集力 7	3.90	0.566	3.15**	0.998**	0.422
	8	3.26	0.722	2.91*	0.982	−0.379
	9	3.64	0.766	3.23*	1.033	−1.614**
	10	3.97	0.832	3.35**	1.033	0.083
	11	3.75	0.856	3.10**	1.035	0.379
	12	3.85	0.943	3.13**	1.014	0.591
	作業力	3.68	0.897	2.93**	0.942	正判別率 （％） 77.00
	凝集力	3.73	0.814	3.14**	1.015	
	全体	3.70	0.856	3.04**	0.984	判別関数 の統計的 aa 有意性

(1)：男性：1, 女性：2,
aa：＜.20, a：p＜.10, ＊：p＜.05, ＊＊：p＜.01.

累積で，約2倍（2.074＝1.110^7）と最高であるが，不良率は最高である。チームワークの教育と品質に対する作業指導が求められる。ここで，不良品は，いずれも手直しによる修正が可能である。不良率は，パーセント基準で小数点下二桁のオーダーで推移しているが，下一桁の発生が大きく影響を与えるため，値も大きい（表9-7）。

　チームワーク評価因子の平均値はSiamが最高であり，標準偏差はCentralで大きく，他の2工場とは異なっている。これは，短い操業年数による生産マネジメントの累積効果が小さいためであり，チームワークや基本的な5Sの教育指導が必要である。ここで，チームワーク評価因子の内容の類似性である内的適合性をクロンバッハのα信頼性係数により確認を行っており，いずれも

196　第6部　社会生産性とチームワークマネジメント／GITDの発展

表9-7　生産マネジメントの成果

基準：2012年上期の数値を100とする。

工場	評価項目 （成果の方向）	2012年度 上期(1) ①	2012年度 下期	2013年度 上期	2013年度 下期	2014年度 上期	2014年度 下期	2015年度 上期	2015年度 下期 ②	成果(4年/8期) 平均	成果(4年/8期) 標準偏差	累積的向上 ③＝ ②－①
全体 (3工場)	作業能率(向上)	100.0	100.3	106.6	102.6	114.4	112.9	109.1	111.6	107.2	5.71	11.6
	離職率(低下)	100.0	84.4	19.0	44.4	9.8	15.2	30.6	24.4	41.0	33.56	−75.6
Amata	作業能率(向上)	100.0	104.2	111.9	107.0	113.0	105.0	95.1	100.8	104.6	6.04	0.8
	離職率(低下)	100.0	87.8	23.3	68.9	5.0	8.9	76.7	38.3	51.1	36.94	−61.7
Siam	作業能率(向上)	100.0	98.4	111.7	106.0	109.0	97.8	109.0	110.5	105.3	5.70	10.5
	離職率(低下)	100.0	67.2	6.6	25.6	1.1	11.6	8.8	7.8	28.6	35.76	−92.2
Central	作業能率(向上)	100.0	103.6	95.4	95.7	112.9	126.0	125.8	123.9	110.4	13.44	23.9
	離職率(低下)	100.0	151.8	55.7	81.8	41.5	41.9	17.4	60.5	68.8	42.06	−39.5
タイの自動車生産台数(2)		2,433		2,455		1,881		1,910		2,170	317	−
背　　景		・政策エコカー 　減税 ・最低賃金30％ 　上昇		・過去最高の生 　産台数		・エコカー減税 　駆け込みの 　反動で低迷 ・軍事クーデ 　ター，軍政移 　行		・各社1トン 　ピックアッ 　プ新型出荷 ・原油下落で中 　東への輸出 　低減		・会社運営方針，「全員参 　加のS・E・Q・C・D 　実践と風通し良いホウ 　レンソウで，会社の発 　展，社会への貢献，タ 　イ主導の会社運営」		

(1)アンケート調査実施時期，(2)×1,000（台），ここで，上期は4～9月であり，下期は10～3月である。

表9-8　工場別の個人属性とチームワーク認識

工場 （回答者）		個人属性 勤続年数 （年）	個人属性 年齢 （才）	個人属性 性別 (1)	チームワーク評価因子 作業力	チームワーク評価因子 凝集力	チームワーク評価因子 全体	クロンバッハの α信頼性係数
工場全体 (n＝1,269)	平均値	3.82	27.52	1.80	3.49	3.56	3.53	0.960
	標準偏差	3.484	5.408	0.412	0.970	0.949	0.960	
Amata 基準	Amata (n＝359) 平均値	4.14	27.98	1.82	3.27	3.35	3.31	0.945
	標準偏差	3.177	5.615	0.388	0.859	0.857	0.859	
	Siam (n＝470) 平均値	4.27	27.69	1.78	3.76**	3.82**	3.79**	0.962
	標準偏差	4.157**	5.669	0.444	0.882	0.881	0.882	
	Central (n＝440) 平均値	3.17**	27.31	1.79	3.23	3.34	3.29	0.953
	標準偏差	2.752**	4.951*	0.409	1.054**	1.042**	1.049**	
Siam 基準	Central (n＝440) 平均値	3.17**	27.31	1.79	3.23**	3.34**	3.29**	−
	標準偏差	2.752**	4.951**	0.409	1.054**	1.042**	1.049**	

(1)男性：1，女性：2。

＊：$p < 0.05$，＊＊：$p < 0.01$。

0.9以上で良好である（表9-8）。

　今後の課題は，チームワークマネジメントのみによる成果の確認となる。

参考文献

［1］　世界銀行編著『世界開発報告2015―心・社会・行動―』一灯舎（2015）。
［2］　名和高司『CSV（Creating Shared Value for Management Innovation）経営戦略』東洋経済新報社（2015）。
［3］　森岡清志『社会学入門―基礎概念とその展開―』放送大学教育振興会（2013）。

第10章

ベトナム

1. 研究対象企業

　ベトナムのホーチミン市近郊の工業団地にある日系の産業用電気機器を生産する工場である。ドイモイ政策により工業化が積極的に進められている。最初の訪問は2011年8月である。その後，生産現場のチームワークに関する調査を2014年5月に行い，同年9月に報告会を実施している。現在，この時の指

表 10-1　研究対象企業

(2014 年)

設立年度	2008	創業年度	2010
資本金（億円）	35	従業員（人）	380
売上高（億円）	70	勤務体制	3 直
従業員構成	直接 / 80（%），間接 / 20（%）		
	男性 / 80（%），女性 / 20（%）		
	年齢（平均）/ 27（歳），勤続年数（平均）/ 2.5（年）		
	離職率（年間平均）/ 1.6（%）		
生産体制	受注生産 / 多品種少量生産 / 約 1,500 機種		
	現地調達率 / 90（%）以上		
	生産期間 / 6〜8 週間		
	将来展望 / 2015 年 4 月より生産量 4 倍体制に移行		
生産品目	産業用電気機器 / 輸出用が主		
回答者（人）	222		
	職場 A（組立前作業）/ 115		
	職場 B（組立）/ 47		
	職場 C（機械加工）/ 60		

摘に基づきチームワークマネジメントを展開している。現地訪問 4 回を通じて，工場見学，アンケート調査，幹部社員との面談等をさせて頂き，解析及び考察を行っている。アンケート調査の回答者は，生産ラインに従事するベトナムを母国とする従業員である。稼働年数は約 5 年であるが，ベトナム人の勤勉さは他のアセアン諸国より優れている。国際認証規格 ISO，OHSAS，NAVLAP を取得するとともに，KAIZEN 活動，技能コンテスト，5S 活動も積極的に展開している。また，日本の親企業による世界レベルでのマネジメントを展開しており，生産現場の技術的評価は高い。現地調達率は 90（%）以上であり，女性の役職者も多く，適正な人事考課がなされている。さらに，チームで仕事をすることの重要性について教育を行っており，チームワークに対する意識は強い。このような活動もあり，離職率は工業団地内の他社の約 2 / 3 である。親企業による世界 4 極体制の中でも当事業所は重要な位置を占めている（表 10-1）。

2. 社会生産性

　研究対象企業における作業チームにおける社会システムの評価は，同様にしてチームワーク認識に対するアンケート調査によって 2014 年 6 月に実施された。さらに，生産システムの評価は，生産現場のチームワークの良否を最も良く反映するチーム生産性の指標として，「労務能率」を生産管理部より提案された。調査期間は，2014 年 1 月〜6 月であり，社会システムと生産システムの評価時期は一致している（表 10-2）。

　ここで，労務能率＝標準工数 / 直接作業時間×100（%）。

3. 社会システムと生産システムの関連性

　表 10-2 に基づく解析では，チームワーク評価因子全体の職場全体では，関係性は認められない。しかし，職場 B は，統計的有意性を持つ相関関係が認められ，社会システムは生産システムの約 75（%）を説明可能である。次に

200 第6部 社会生産性とチームワークマネジメント／GITD の発展

表 10-2　作業チームの社会生産性評価

T［チーム数］＝28，n（回答者数）＝222　　　　　　　　　　　　　　　　　　（2014 年）

職場[チーム数](回答者数)	作業チーム	回答者数	社 会 生 産 性 （平均値）			
			社会システム			生産システム
			チームワーク認識			チーム生産性（％）
			作業力	凝集力	全体	
A[T＝11](n＝115)	1	(n＝10)	4.78	4.62	4.70	92.95
	2	(n＝27)	4.72	4.62	4.67	89.31
	3	(n＝7)	4.35	4.48	4.41	76.80
	4	(n＝10)	4.76	4.73	4.75	93.66
	5	(n＝20)	4.64	4.49	4.57	95.60
	6	(n＝9)	4.58	4.66	4.62	71.45
	7	(n＝6)	4.87	4.91	4.89	83.16
	8	(n＝9)	4.81	4.59	4.70	72.42
	9	(n＝9)	4.54	4.59	4.56	79.99
	10	(n＝4)	4.80	4.89	4.84	70.66
	11	(n＝4)	4.88	4.97	4.92	68.67
B[T＝5](n＝47)	1	(n＝9)	4.87	4.89	4.88	98.58
	2	(n＝11)	4.94	5.00	4.97	98.52
	3	(n＝7)	4.92	4.87	4.90	98.59
	4	(n＝8)	4.74	4.66	4.70	97.65
	5	(n＝12)	4.78	4.74	4.76	98.25
C[T＝12](n＝60)	1	(n＝5)	3.44	3.75	3.60	104.40
	2	(n＝3)	4.66	3.89	4.27	100.75
	3	(n＝5)	3.62	3.78	3.70	98.48
	4	(n＝6)	4.63	4.53	4.58	93.97
	5	(n＝8)	4.29	4.00	4.15	96.58
	6	(n＝6)	4.01	4.13	4.07	96.59
	7	(n＝7)	4.92	4.87	4.90	98.23
	8	(n＝7)	4.98	4.99	4.98	97.58
	9	(n＝7)	4.65	4.78	4.71	92.99
	10	(n＝2)	4.63	4.52	4.58	101.73
	11	(n＝2)	4.85	4.85	4.85	100.11
	12	(n＝2)	4.70	4.78	4.74	99.58

作業力と凝集力に層別し，それぞれ生産システムとの関連性を考察すると，職場 B で統計的有意性を持つ相関関係が認められる。さらに，各チームワーク評価因子との関係を考察すると，凝集力の「作業上の相互補完（因子 11）」，「満足度（因子 12）」で統計的有意差を確認することができ，工場全体および

表 10-3　社会システムと生産システムの関連性

（チームワーク評価因子全体）

職場 ［チーム数］	相関係数	寄与率 （％） （1）
全体 ［T＝28］	−0.243　−	5.90
A ［T＝11］	−0.201　−	4.04
B ［T＝5］	0.871　a	75.86
C ［T＝12］	−0.328　−	10.76

（1）寄与率＝（相関係数）^{2}。

（作業力および凝集力）

職場 ［チーム数］	チーム ワーク 評価因子	相関係数
全体 ［T＝28］	作業力 凝集力	−0.194　− −0.286　aa
A ［T＝11］	作業力 凝集力	−0.003　− −0.394　−
B ［T＝5］	作業力 凝集力	0.869　a 0.851　a
C ［T＝12］	作業力 凝集力	−0.301　− −0.335　−

（各チームワーク評価因子）

職場 ［チーム数］	作業力					
	1	2	3	4	5	6
全体［T＝28］	−0.250 aa	−0.189	−0.233	−0.269 aa	−0.083	0.033
A［T＝11］	−0.589 a	0.090	−0.013	0.086	0.083	0.068
B［T＝5］	0.177	0.968**	0.966**	0.677	0.063	0.887*
C［T＝12］	−0.217	−0.317	−0.362	−0.442 aa	−0.207	−0.070

職場 ［チーム数］	凝集力					
	7	8	9	10	11	12
全体［T＝28］	−0.260 aa	−0.121	−0.191	−0.222	−0.350 a	−0.384*
A［T＝11］	−0.252	−0.325	−0.214	−0.297	−0.634*	−0.334
B［T＝5］	−0.057	0.863 a	0.675	0.553	0.910*	0.980**
C［T＝12］	−0.234	−0.196	−0.215	−0.361	−0.338	−0.499 a

aa：p＜.20，a：p＜.10，*：p＜.05，**：p＜.01。

各職場をつうじての生産マネジメントの主要因子となっている。職場全体として留意すべき因子は，「満足度（因子 12）」であり，これを構成する各質問項目を個別に考察し，生産システムの評価尺度であるチーム生産性を向上させることとなる。職場 A は，凝集力の「作業上の相互補完（因子 11）」がチーム生産性を低下させている主要因子である。職場 B は，作業力の「直属の上司

202 第 6 部 社会生産性とチームワークマネジメント／GITD の発展

による作業指導（因子 2）」，「リーダーによる作業指導（因子 3）」，「作業確認
（進度，品質，量）（因子 6）」や，凝集力の「雰囲気（因子 8）」，「作業上の相
互補完（因子 11）」，「満足度（因子 12）」の各因子はいずれもチーム生産性と
強い正の相関関係を維持しており，チームワークマネジメントの視点からは最
も理解しやすい職場である。職場 C は，一部有意差を確認できる因子も確認
できるが，12 因子は全てマイナスの相関関係であり，チームワークマネジメ
ントの課題は多い（表 10-3）。

　ここで，各職場の作業形態に着目すると，職場 A は，産業用電気機器の独
特な作業であり，手扱い機械作業が主であり，複数の作業者がペアとなって働
くチーム作業も多い。職場 B は，手作業と手扱い作業が主であり，チーム作
業が多い。職場 C は，機械加工が主であり，作業者は個人作業が主である。
このように，作業形態は社会システムと生産システムに強い影響を持ってい
る。職場 A と B の各チームワーク評価因子は，チーム生産性との相関関係は
強く，特に職場 B では社会システムの動向が生産システムの成果に直接的に
影響を与えている。

4. チームワーク過程

　チームワーク評価因子の主成分分析における第Ⅰ主成分と第Ⅱ主成分の因子
負荷量の交点に各因子に対応する番号を布置し，それぞれ作業力，凝集力とし
てまとめ，チームワーク評価因子間の相互関係を確認する。第Ⅱ主成分までの
累積寄与率は，いずれも良好である。社会生産性の評価による第Ⅰ象限（チー
ムワーク認識：高，チーム生産性：高）と第Ⅲ象限（チームワーク認識：低，
チーム生産性：低）を示す。軸の解釈は，第Ⅰ主成分（横軸）はチームワーク
を示す軸であり，第Ⅱ主成分は因子負荷量の正負の値によって，作業チームと
しての生産性指向としての作業力と凝集力にクラスター化されるが，本適応事
例では混然一体化されており，チームワーク生成の初期的段階である。特に，
職場 B は，第Ⅰ主成分は正負の因子負荷量が存在するため範囲は広く，この
傾向が顕著である。国内外の調査において，作業力と凝集力が大きく層別され

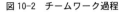
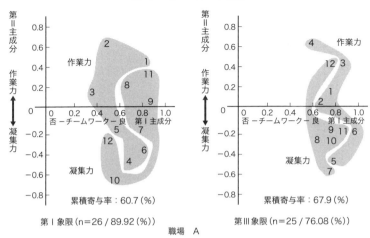

図10-2 チームワーク過程

る傾向にあることを考えると，大きな特徴である。これは操業年数が短いことによる組織的累積効果が少ないことに基因する。工場マネジメントのノウハウの蓄積やその試行錯誤の幅と奥行きが小さいことにより作業力と凝集力の分離がなされていない。また，各職場の布置が大きく異なることから，事業所全体としての生産システムや社会システムの共通化が遅れており，各職場独自のマネジメントである（図10-2）。

5. 社会生産性に基づく作業チームの布置

社会生産性の概念に基づき，作業チームの布置を確認する。各職場別に社会システムと生産システムの平均値を求め，これを原点として各作業チームの布置を行い，各象限ごとに作業チームを囲む。チームワーク評価因子全体（作業力＋凝集力）を示す（図10-3）。
作業力および凝集力も同様の結果を確認している。

204 第6部 社会生産性とチームワークマネジメント／GITDの発展

図10-2　チームワーク過程（続き）

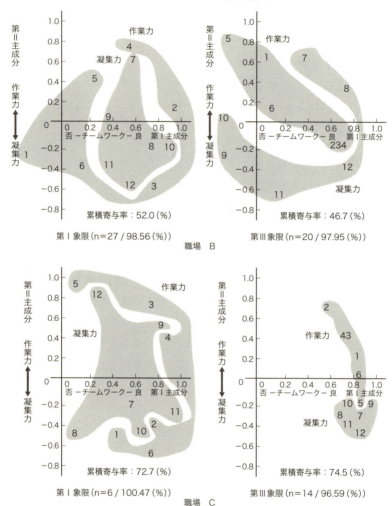

図10-3 社会生産性に基づく作業チームの布置

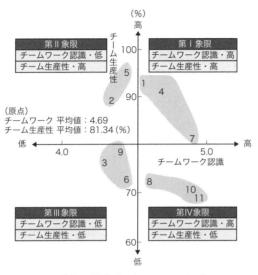

職場A（作業チーム＝11，n＝115）

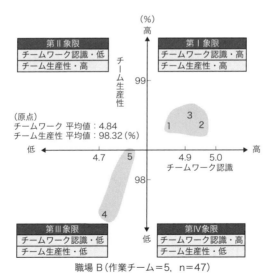

職場B（作業チーム＝5，n＝47）

206　第6部　社会生産性とチームワークマネジメント／GITDの発展

図10-3　社会生産性に基づく作業チームの布置（続き）

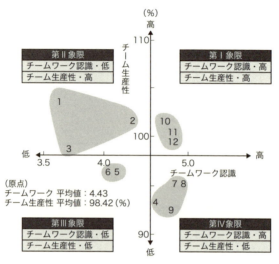

職場C（作業チーム＝12，n＝60）

6. チームワークマネジメント

　本研究では，回答者が少ないため，第Ⅰ象限と第Ⅲ象限の比較ではなく，職場別に高生産性作業チーム群（第Ⅰ象限と第Ⅱ象限）と低生産性作業チーム群（第Ⅲ象限と第Ⅳ象限）を設定し，比較検討を行う。生産マネジメントを構成する生産システムの評価尺度としてのチーム生産性と，社会システムの評価尺度としてのチームワーク認識との関係を基礎統計と判別分析によって考察する。

(1) 基礎統計
① 個人属性（勤続年数，年齢，性別）
　両作業チーム群の平均値比較では，いずれの職場においても，低生産性作業チーム群で，勤続年数と年齢が高く，統計的有意差を確認できる。ここで，彼らが生産している生産品目を比較検討すると，高生産性作業チーム群は標準

品・量産品が多く，低生産性作業チーム群は，その勤続年数を通じて身に着けた技能を生かすべく特殊品・特別仕様品・新規立ち上げ品が多い傾向にある。つまり，社会システムの評価としてのチームワーク認識は高いにもかかわらず，生産システムの評価としてのチーム生産性が低い理由に対しては，製品特性も含めた生産環境も考慮する必要がある。さらに，工場の生産マネジメントに基づく方針も大きく影響する。標準偏差の比較では，職場を通じて年齢で統計的有意差を確認できる。

② チームワーク評価因子

平均値比較では，職場 A と B では，高生産性作業チーム群においてチームワーク認識は高い。しかし，職場 C の低生産性作業チーム群では，チームワーク認識が高い。このことは，低生産性作業チーム群に属する構成員は，高いチームワーク認識を持っているのにも関わらず，これがチーム生産性に直結していないことを意味する。この高い認識を生産性向上に積極的に生かすマネジメントが求められる。チームワーク評価因子においては，各職場それぞれのダイナミックスにより，その認識は異なっている。職場 A では，作業力の「作業遂行の能力（因子 5）」，「作業確認（因子 6）」で低生産性作業チーム群の認識が低く，この教育指導によってチーム生産性を向上させる可能性がある。職場 B では，作業力の「直属の上司による作業指導（因子 2）」，「リーダーによる作業指導（因子 3）」，凝集力では「一体感（因子 7）」を除いて他の 5 因子で低生産性作業チーム群の認識が低く，統計的有意差が確認できる。従って，作業力の一部と凝集力の全体での教育指導によってチーム生産性を向上させる可能性がある。職場 C では，作業力の「直属の上司による作業指導（因子 2）」，「リーダーによる作業指導（因子 3）」，「リーダーによる気配り（因子 4）」，凝集力では「雰囲気（因子 8）」，「モラール（因子 10）」，「満足度（因子 12）」の各因子で有意差があり，いずれも低生産性作業チーム群の認識が高い。全体としての作業力とチームワーク評価因子も高く，この高い認識をチーム生産性に結び付けるためのマネジメントが求められる。また，製品特性の確認に基づく生産ラインの職務再設計が求められる。標準偏差は，職場を通じてチームワーク評価因子は低生産性作業チーム群で小さく，共通の思いを持ちながら

208 第6部 社会生産性とチームワークマネジメント / GITD の発展

表 10-4 社会生産性（生産システムと社会システム）による評価

職場 A

生産システム 社会システム		チーム生産性（平均値）（%）				判断分析
		高生産性作業 チーム群（n＝73）		低生産性作業 チーム群（n＝42）		1.507 （定数項）
		90.94		73.33		
		平均値	標準偏差	平均値	標準偏差	判別係数
個人 属性	勤続年数	2.46	1.151	2.94*	1.040	−0.194
	年齢	26.15	3.933	29.13**	5.701**	−0.208**
	性別（1）	1.42	0.499	1.74*	0.724**	−0.703
チーム ワーク 評価因子	作業力 1	4.68	0.487	4.81	0.319**	−2.897**
	2	4.81	0.381	4.67	0.463	1.061
	3	4.78	0.419	4.71	0.425	−1.706
	4	4.66	0.378	4.61	0.522*	0.251
	5	4.73	0.392	4.52*	0.564**	1.574
	6	4.70	0.396	4.47*	0.602**	0.998
	凝集力 7	4.56	0.648	4.53	0.534	−1.424**
	8	4.60	0.630	4.65	0.501	−0.902
	9	4.62	0.530	4.60	0.396*	4.383**
	10	4.73	0.388	4.70	0.427	−1.110
	11	4.61	0.584	4.76	0.349**	−0.070
	12	4.62	0.509	4.68	0.421	1.125
	作業力	4.73	0.412	4.63	0.500	正判別率 （%） 79.49
	凝集力	4.62	0.554	4.65	0.444	
	全 体	4.67	0.491	4.64	0.472	
						判別関数 の統計的 aa 有意性

（1）：男／1，女／2。

aa：p＜.20, a：p＜.10, *：p＜.05, **：p＜.01.

日々ものづくりを行っている様子を確認できる。職場 A では，低生産性作業チーム群は高生産性作業チーム群に対して，作業力で大きく，凝集力で小さい傾向がある。同様にして，職場 B では，低生産性作業チーム群は，作業力で小さく，凝集力で大きい傾向がある。職場 C も，作業力，凝集力，全体で低生産性作業チーム群が小さい傾向がある（表 10-4）。

(2) 判別分析

個人属性とチームワーク評価因子を含めた全体に対して判別分析を行い，チーム生産性との関係について考察する。回答者数が少ないために，統計的有

第 10 章　ベトナム　*209*

表 10-4　社会生産性（生産システムと社会システム）による評価（続き）

職場 B

生産システム		チーム生産性（平均値）（%）				判断分析
		高生産性作業 チーム群（n＝27）		低生産性作業 チーム群（n＝20）		−128.091 （定数項）
		98.56		97.95		
社会システム		平均値	標準偏差	平均値	標準偏差	判別係数
個人 属性	勤続年数	1.84	1.624	3.30**	1.024*	
	年齢	26.71	4.309	33.50**	2.121**	(2)
	性別 (1)	1.45	0.522	2.00**	0.000**	
チーム ワーク 評価因子	作業力　1	4.88	0.343	4.83	0.163**	0.908
	2	4.89	0.209	4.74*	0.244	−5.655
	3	4.94	0.122	4.77**	0.187*	6.511 a
	4	4.93	0.310	4.82	0.144**	6.326*
	5	4.85	0.355	4.69	0.228	0.045
	6	4.84	0.342	4.74	0.216*	0.525
	凝集力　7	4.81	0.488	4.74	0.260**	−2.580
	8	4.95	0.142	4.78*	0.268**	4.840 aa
	9	4.95	0.142	4.75**	0.193	10.048**
	10	4.93	0.114	4.75**	0.259**	3.901 aa
	11	4.90	0.217	4.68*	0.314	−0.178
	12	4.83	0.344	4.55**	0.349	1.651
	作業力	4.89	0.287	4.76	0.202	正判別率　85.11 （%）
	凝集力	4.89	0.278	4.71*	0.283	
	全　体	4.89	0.282	4.74	0.247	判別関数 の統計的　aa 有意性

(1)：男／1，女／2　(2)：未記入が多く活用不能。

aa：p＜.20，a：p＜.10，*：p＜.05，**：p＜.01.

意性を検証するための危険率はやや低下するが，いずれの判別関数も有意性が得られており，正判別率は約 80（%）と高く，両者のチームワーク認識は大きく異なる。職場 B では，個人属性の未記入が多く活用できないが，職場を通じて年齢の影響は大きい。操業年数が短いため，勤続年数の影響は同程度であることが予想される。

　チームワーク評価因子の影響について考察すると，職場 A の判別係数のウェイトが統計的に有意な因子は，凝集力の「人間関係（因子 9）」が最大であり，次いで「一体感（因子 7）」となっている。作業力では「作業管理の状

210 第6部 社会生産性とチームワークマネジメント／GITD の発展

表10-4 社会生産性（生産システムと社会システム）による評価（続き）

職場 C

生産システム		チーム生産性（平均値）（%）				判断分析
		高生産性作業 チーム群（n=19）		低生産性作業 チーム群（n=41）		11.552 （定数項）
		100.84		95.99		
社会システム		平均値	標準偏差	平均値	標準偏差	判別係数
個人 属性	勤続年数	2.01	0.803	2.64*	1.281*	−0.672
	年齢	22.63	1.408	27.84**	4.386**	−4.933**
	性別 (1)	1.91	0.302	1.17**	0.384	6.939**
チーム ワーク 評価因子	1	4.15	1.077	4.57	0.639**	−1.199
	2	4.09	0.937	4.64*	0.534**	−2.547
	3	4.07	0.935	4.64*	0.559**	1.635
	作業力 4	3.64	1.049	4.48**	0.727	−0.262
	5	4.21	0.756	4.57	0.646	−0.050
	6	4.36	0.662	4.60	0.648	1.370
	7	3.94	0.896	4.31	0.874	1.158
	8	4.19	0.941	4.69*	0.618*	−0.274
	9	4.28	0.545	4.52	0.691	−0.318
	凝集力 10	4.26	0.803	4.72*	0.492**	−0.808
	11	4.07	1.052	4.56	0.723*	1.901
	12	3.77	0.862	4.48**	0.745	−2.404
	作業力	4.09	0.921	4.58*	0.625*	正判別率 （%） 88.57
	凝集力	4.09	0.865	4.55	0.706	
	全 体	4.09	0.892	4.57*	0.666	判別関数 の統計的 * 有意性

(1)：男／1，女／2。

*：p＜.05， **：p＜.01.

態（因子1）」が注目される。これらの3因子の標準偏差は，低生産性作業チーム群でより小さく，チーム生産性向上のための認識の共有化が行われている。これらの3因子と平均値で有意差が得られた作業力の「作業遂行の能力（因子5）」，「作業確認（因子6）」の2因子がチームワークマネジメントの指導対象となる。具体的には，各因子を構成している質問項目の内容を確認し，その教育指導を行うことにより，チーム生産性の向上に努める。職場Bでは，凝集力の「人間関係（因子9）」が最大であり，「雰囲気（因子8）」，「モラール（因子10）」となる。作業力では「リーダーによる作業指導（因子3）」，「リー

ダーによる気配り（因子 4）」を確認できる。これらの 5 因子と基礎統計で明確化された因子に基づいて，チーム生産性の向上に努める。職場 C については統計的有意性が得られた判別係数は確認されない。ここでは，前述したように，低生産性作業チーム群でチームワーク認識が高いので，製品特性の確認に基づく生産ラインの職務再設計が求められる。基礎統計や判別分析も含めて，総合的な知見からチームワークの教育・指導によるマネジメントを行い，チーム生産性との関係を常に確認する必要がある（表 10-4）。

7. 成　果

　研究対象企業では，調査以降も多方面にわたり生産マネジメントのレベルアップを展開している。本研究の主旨であるチームワークマネジメントのみの成果を求めることはできないが，これも含めた活動成果を示す。ここで，アンケート調査を 2014 年 6 月に実施しているため，評価項目は 2014 年上期の各数値を 100 として基準化している。日本本社からの生産規模拡大の指示に従い，2014 年 6 月から 2016 年 6 月にかけて，従業員数は約 1.8 倍に増加し，生産台数（台／人／月）は約 2.8 倍に増加している。この間，勤続 5 年経過者数は，約 9 倍となり累積効果を蓄積しつつある。一方，労働生産性関係の指標である離職率は，約 40（％）低下している。作業チームの集団価値への強い認識向上が影響している。不良率については，2015 年 9 月の特別品質月間設置により不良率削減活動が本格化し，2016 年 1 月から全社横断的な品質活動チームの発足により，約 1／5 に減少させている。新規品種による切り替え回数や生産台数の増加等による生産ラインの再編成が常時実施されているが，確実な教育指導を確認できる（表 10-5）。

　生産現場の作業チームにおける社会システムと，これに基づくチームマネジメントの有効性と，約 2 年にわたる生産マネジメントの成果を確認した。これらの数値は単純にチームワークマネジメントのみによる成果ではなく，研究対象企業における幅広い工場マネジメントによる総合的活動の成果である。従って，チームワークマネジメントのみによる成果の確認は，将来の課題として残

212　第6部　社会生産性とチームワークマネジメント / GITD の発展

表 10-5　効果の確認 / 全体（3 職場）

基準：2014 年上期の数値を 100 とする。

年度 期 評価項目（成果の方向）	2014		2015		2016	累積的 向上 ③＝ ②－①
	上期 (1) ①	下期	上期	下期	第一 四半期 (2) ②	
不良率（ppm）（低下）	100.0	57.2	34.0	26.8	22.8	−77.2
離職率（％）（低下）	100.0	178.8	104.6	64.2	60.8	−39.2
勤続 5 年経過者数（人）（上昇）	100.0	316.7	305.6	705.6	888.9	788.9
1 人当たりの生産台数 (3)（上昇）	100.0	266.4	269.1	192.1	284.9	184.9

　ここで，上期は 4〜9 月であり，下期は 10〜3 月である。

　(1) アンケート調査実施時期。(2) 4〜6 月。(3)（台 / 人 / 月）。

されている。

　タイとベトナムの事例研究では，従来，マネジメントの対象外であったチーム
ワークを生産マネジメントの管理対象に含めることの重要性と，この社会シス
テムが生産システムを支えるという新生産戦略，新パラダイム構築の必要性を
提案した。暗黙知であったチームワークを形式知とし，マネジメントとしての
PDCA を可能としている。社会関係資本や社会心理学に基づくアプローチは，
世界各国の生産現場に適応可能であり，グローバル生産は，今後も各国間で相
互補完的に増大する。各国の生産現場におけるチームワークの形式知は，母国
と現地進出国との相互理解を深め，win-win 関係を通じて人類の福祉に貢献
する。

　本研究はチームワークマネジメントの初期段階であり，今後も実証研究を通
じて興味ある知見を期待できる。引き続き，産業界，学界のご支援をお願いす
る次第である。

補　遺

214 補 遺

　本章は，生産現場の視点から離れ，大学の学部授業の４年次必修の演習科目
である経営シミュレーション（ビジネスゲーム）におけるチームワークに関す
る考察である。このビジネスゲームは疑似経営活動として経営マネジメントの
運営を体験させる授業として多くの大学で採用されている。現実の経営活動の
中ではとらえにくいチームワークを，演習を通じて考察する。

　フラットな組織によるチームマネジメントが注目され，チームワークの重要
性が再確認されている。産業界における実態調査に先立って擬似経営活動であ
る経営シミュレーション（ビジネスゲーム）について着目し，チームワーク認
識と経営業績の関連性とチーム構成員の意思決定過程を確認する。高業績チー
ムは，チームワーク認識の高さと，意思決定の上にさらに付加してチームとし
ての意思決定がなされるという分岐階層型を確認できる。さらに，チームメン
バーの集団意思決定をチーム形成の開始時点から終了時点まで時系列的に解析
を行い，終了時点のチームワーク認識は，開始時点よりも高く，その緊密性は
時系列的に強化されることを確認できる。

第11章

経営シミュレーションにおけるチームワーク

1. はじめに

　各チームは，経営業績としての財務指標（資本利益率，資本回転率，売上高利益率）が本部で評価され，それに対応した数値の得点合計により最終順位が決定される。調査は，5年間（1994年〜1998年）にわたる全てのチーム（チーム数：N＝100，回答者数：n＝493）で行われている。明確なチームワーク認識差異を確認するためにGood-Poor分析に基づき，研究対象を年度ごとに最上位4グループ（5年間で，N＝20，n＝102：以下，「高業績チーム」と呼ぶ）と最下位4グループ（同様にして，N＝20，n＝96：「低業績チーム」）を抽出している。

　さらに，チームワーク認識の時系列的考察では，集団過程を開始時点，中間時点，終了時点の3時点でのアンケート調査に基づき，それらの認識差異を確認する。回答者は1998年調査時の4年生80名である。

2. 経営シミュレーションの概要

　最終学年次（4年生）に開講される総合演習の必修科目である。学科設立時より運営されており，約40年を経過している。パーソナル・コンピュータにより，当初の財務諸表等の計算重視から意思決定重視へと教育内容もシフトしている。学内での事前授業の後，二泊三日の合宿形式の全員参加の授業である。

　経営シミュレーションは，総合的な経営上の意思決定を行わせマネジメン

ト・スキルを養わせることを目的としている。現実の経営活動をモデル化し，複数のチームがゲームという形式で自己資本や利益を増大させるために同一市場内の他社と競うことを通じて，経営の本質を理解する。各年度の4年生は100名前後であるため，1社あたり4〜6名の学生を無作為に割り当て，生産企業の経営活動を行う。10社のチームを2グループ設定する。なお，各グループは独立して運営を行っている。各社は，社長，営業部長，製造部長，財務部長などの職務を構成員に割り当て，ゲームに参加する。各社は毎期の損益計算書や貸借対照表に基づいて，次期の生産計画や販売計画，財務計画などをパーソナル・コンピュータにより30分前後で作成し審判団に提出する。各グループには本部として審判団を設定し，ゲームを管理し運営させるとともに，各種情報や各社業績を公表する。審判団は，教員および大学院生によって構成され，グループ別に運営を行う。このようなサイクルを繰り返し，10年間（40期）を目標に継続する。審判団は，各チームの経営業績を毎年（4期ごと）評価し，評価得点を累積する。この累積業績評価得点によって最終的に順位付けを行い，最終日の各社発表会と講評の前に，順位発表を行う。

3. 経営業績

　各社の経営業績は，4期ごとの一年単位で評価され，評価得点が累積される。最終的にこの累積業績評価得点によって順位付けが行われる（表11-1）。

4. チームワークの評価

　毎年，高業績チームが高いチームワーク認識を示すことが確認されており，その再現性と質問項目の客観性が確認されている。基本的には集団問題解決による意思決定問題である。審判団は，学生の演習であるチーム活動には不介入である。ただし，損益計算書などの作成記入上の不明点，倒産前の特別指導，演習全体の運営を積極的に指導している。審判団は，基本的に全学生のチーム活動全体を維持運営する本部の役割が強い。しかし，低業績チームに見られる

第11章　経営シミュレーションにおけるチームワーク　*217*

表 11-1　業績評価

業　績	得　点				
	0	2	3	4	5
資本利益率（％）(1)	$R \leqq 0$	$0 < R \leqq 4$	$4 < R \leqq 8$	$8 < R \leqq 12$	$12 < R$
資本回転率(2)	$T \leqq 1.3$	$1.3 < T \leqq 1.7$	$1.7 < T \leqq 2.3$	$2.3 < T \leqq 3$	$3 < T$
売上高利益率（％）(3)	$P \leqq 0$	$0 < P \leqq 5$	$5 < P \leqq 10$	$10 < P \leqq 15$	$15 < P$
経常利益	10 位	7, 8, 9 位	4, 5, 6 位	2, 3 位	1 位

ここで，

(1)資本利益率：$R = \dfrac{営業利益}{（期首・期末借入金＋期首・期末自己資本）\div 2} \times 100（\%）$

(2)資本回転率：$T = \dfrac{売上高}{（期首棚卸資産＋期末棚卸資産）\div 2}$

(3)売上高利益率：$P = \dfrac{営業利益}{売上高} \times 100（\%）$

倒産前のチームは審判団の指示を求める必要がある。逆に，高業績チームのように順調で問題のないチームほど審判団との接触は少ない。このように，後述する「審判団の指導（因子2）」に対する認識は大きな差異を生ずるので，後半の解析においては，この因子を除外している。また，学生が回答者（記入者）として回答する時には，記入要領を熟読後，自分自身の主観的判断に基づき各質問項目を自己評価させている。チームワーク評価因子の質問項目は，産業界用を修正している（第4章，表4-1参照）。回答は5段階評価（-2，-1，0，1，2）であり，プラス方向ほどチームワークに対する認識は良好である[1]～[3]。

5.　解析および考察

5.1　チームワークと経営業績

(1)　高業績チーム群と低業績チーム群の認識差異

　チームの構成メンバーである社長と全部長を含むチームとしての比較について考察する。社長のみ，また部長のみの場合も同様の解析結果が得られている。チーム全員のチームワーク認識の平均値では，全体および作業力と凝集力

218 補 遺

で高業績チームが高く，各評価因子においても同様の傾向を統計的有意性により確認できる。また，平均値のバラツキは，全体および作業力と凝集力で低業績チームが大きい。各評価因子では，作業力の6因子中4因子で，また凝集力では6因子中3因子，全体の12因子中7因子で同様の傾向を確認できる。さらに，各質問項目に着目すると，平均値比較では，全体の79項目中77項目（97.47（％））で高業績チームの認識が高く，作業力では全ての32項目，凝集力では47項目中45項目となっている。また，標準偏差は，全体79項目中54項目（68.35（％））で低業績チームが大きく，作業力で32項目中22項目，凝集力で47項目中32項目となっている。特徴は，作業力の「役割分担（因子1）」および凝集力の「満足度（因子12）」の全ての項目において低業績チームが大きいことである。

　全般的に高業績チームでチームワーク認識の平均値は高く，そのバラツキも小さい。逆に，低業績チームでは，平均値は低く，そのバラツキは大きい。つまり，経営シミュレーションにおいては，チームワークに対する認識と経営業績には強い正の傾向がある。さらに，バラツキが小さいことは，チーム構成員がチームワークに対しても相互に緊密性をより強く生成していることを意味し，経営業績に対する心理的ベクトルのズレも少ない。社長のみの比較および社長を除く部長のみの比較でも同様の傾向を確認できる。社長の比較における特徴は，平均値のバラツキが作業力で高業績チーム（0.39）が低業績チーム（0.34）よりも大きいことである。これは，高業績チームにおける社長は，経営業績向上に対する課題遂行志向により多種多様のアプローチを展開しているためと考えられる（表11-2）。

　次に，高業績チームと低業績チーム間のチームワーク認識差異を確認するために，判別分析を行う。判別式は危険率5（％）で統計的に有意（F0＝5.5012＞F（138；0.05）＝5.318）であり，正判別率は92.5（％）と高く，両チームの認識は全く異なる。さらに，各因子の判別係数は，「満足感（因子12）」が最大であり，次いで「社長の気配り（因子4）」となっている（表11-3）。

表11-2　全体比較（社長＋部長）

チームワーク評価因子 (P=12, p=79)(質問項目数)	高業績チームと 低業績チームの比較 （回答者）（質問項目数）	チームワーク評価因子				質問項目(1)	
		平均値		平均値のバラツキ		高業績 (n=102) ＞ 低業績 (n=96)	
		高業績 (n=102)	低業績 (n=96)	高業績 (n=102)	低業績 (n=96)	平均値	標準偏差
作業力 (P＝6, p=32)	1　役割分担(5)	1.20 ＞	0.69*	0.09 ＞	0.06	5	0
	2　審判団の指導(5)	0.34 ＞	0.15*	0.39 ＝	0.39	5	4
	3　社長による指導(5)	0.63 ＞	0.35**	0.48 ＜	0.51	5	1
	4　社長による気配り(5)	1.03 ＞	0.83**	0.23 ＜	0.25	5	2
	5　職務の遂行(8)	0.81 ＞	0.39**	0.22 ＜	0.30	8	2
	6　職務の確認(4)	1.20 ＞	0.91**	0.05 ＜	0.07	4	1
凝集力 (P＝6, p=47)	7　一体感(10)	1.18 ＞	0.83**	0.31 ＞	0.24	10	3
	8　雰囲気(12)	1.24 ＞	1.05**	0.26 ＞	0.19	11	5
	9　人間関係(4)	1.39 ＞	1.15*	0.08 ＜	0.22	4	1
	10　モラール（やる気）(6)	1.25 ＞	0.87**	0.18 ＜	0.20	6	1
	11　作業上の相互補完(9)	1.09 ＞	0.83**	0.27 ＞	0.19	8	5
	12　満足度(6)	1.13 ＞	0.12**	0.19 ＜	0.50	6	0
チームワーク 評価因子	作業力	0.87 ＞	0.55	0.70 ＜	0.76	32	10
	凝集力	1.21 ＞	0.81	0.56 ＜	0.68	45	15
	全体	1.04 ＞	0.68	0.90 ＜	1.02	77	25

(1)高業績チームの数値が大きい質問項目数。

＊：$p<.05$, ＊＊：$p<.01$.

表11-3　チームワーク評価因子のウェイト

チームワーク評価因子 （質問項目数）	判別係数	F0
作業力　　1　役割分担(5)	2.5179	0.6496
3　社長による指導(5)	2.1647	0.4995
4　社長による気配り(5)	−4.5889	3.0419*
5　職務の遂行(8)	−1.7987	0.2002
6　職務の確認(4)	0.5005	0.0301
凝集力　　7　一体感(10)	−1.6805	0.1221
8　雰囲気(12)	1.0904	0.0562
9　人間関係(4)	−1.9233	0.1688
10　モラール（やる気）(6)	1.2189	0.1168
11　作業上の相互補完(9)	−2.8130	0.5289
12　満足度(6)	8.2820	35.0723**
正判別率(%)		92.50
判別関数の統計的有意性		*

＊：$p<.05$, ＊＊：$p<.01$.

220 補 遺

(2) 高業績チーム群と低業績チーム群のチームワーク過程

チーム全体，高業績チーム，低業績チームともに固有値および寄与率の類似性を主成分分析により確認できる（表11-4）。

第Ⅰ主成分は，チームワークを表現する軸であり，第Ⅱ主成分は，作業力と凝集力を表現する軸と解釈される。第Ⅰ主成分に対応する因子負荷量は類似しており，いずれも正の大きい値である。第Ⅱ主成分に着目すると，全体では，「役割分担（因子1）」と「職務の確認（因子6）」が，凝集力に取り込まれている。高業績チームにおいては，「役割分担（因子1）」，「職務の遂行（因子5）」，「職務の確認（因子6）」が，凝集力に取り込まれ，「一体感（因子7）」，「雰囲気（因子8）」，「人間関係（因子9）」が作業力に取り込まれており，混在してチームワークが維持されている。一方，低業績チームにおいては，「モラール（やる気）（因子10）」，「作業上の相互補完（因子11）」が作業力に取り込まれているのが特徴であり，低いチーム業績のため作業力を中心にして懸命にチームワークを維持している。さらに，チーム全体では，正（＋）方向で作業力，負（－）方向で凝集力である。高業績チームでは，正方向はチーム内でのリーダーシップ能力，負方向はチーム内での個人能力である。低業績チームでは，正方向ではチーム内での個人能力であり，負方向はチーム内でのまとまりと解釈され，個人能力とまとまり感は分離している。以上の結果から，チーム内の作業力と凝集力の融合は，チームワーク認識を高め，企業業績を向上させることが確認される。産業界における実態調査の解析結果でも同様の知見が得られている（表11-5）。

表 11-4　情報量の価値　（主成分分析）

チーム （チーム数） 主成分	全体 （N＝40）		高業績チーム （N＝20）		低業績チーム （N＝20）	
	固有値	累積 寄与率 （％）	固有値	累積 寄与率 （％）	固有値	累積 寄与率 （％）
第　Ⅰ	8.435	70.7	6.88	57.3	8.48	70.7
第　Ⅱ	0.966	78.8	1.06	66.2	1.25	81.1

第 11 章　経営シミュレーションにおけるチームワーク　*221*

表 11-5　チームワークの内部構造　（因子負荷量）

チームワーク評価因子		チーム	全体 (N=40)		高業績チーム (N=20)		低業績チーム (N=20)	
		主成分	第Ⅰ	第Ⅱ	第Ⅰ	第Ⅱ	第Ⅰ	第Ⅱ
作業力	1　役割分担		0.901	−0.032	0.774	−0.122	0.856	0.201
	2　審判団の指導		0.462	0.807	0.372	0.803	0.507	0.731
	3　社長による指導		0.842	0.286	0.747	0.259	0.829	0.193
	4　社長による気配り		0.811	0.256	0.780	0.183	0.836	0.126
	5　職務の遂行		0.833	0.009	0.756	−0.255	0.850	0.234
	6　職務の確認		0.881	−0.019	0.706	−0.086	0.935	0.050
凝集力	7　一体感		0.927	−0.124	0.880	0.088	0.908	−0.298
	8　雰囲気		0.886	−0.131	0.851	0.174	0.887	−0.336
	9　人間関係		0.860	−0.217	0.814	0.008	0.802	−0.469
	10　モラール(やる気)		0.885	−0.150	0.777	−0.355	0.863	0.138
	11　作業上の相互補完		0.918	−0.059	0.824	−0.121	0.954	0.043
	12　満足度		0.727	−0.247	0.678	−0.218	0.772	−0.350

　ここで，「審判団の指導（因子2）」は，主として低業績チームでの問題発生時に，審判団の指導を仰ぐことが多く，高業績チームはほとんど指導を受けない。このため，両チーム間での意味合いは大きく異なるので，これ以降は除外して解析を進める。

(3)　高業績チーム群と低業績チーム群の意思決定過程

　チームメンバーの組織構造解析を行うために，クラスター分析（標準ユークリッド法，最長距離法）を行う。高業績チームの中で最高業績と判断された 3 チームの組織構造を示す。完全な分岐階層型の組織である。社長は意思決定後，各部長の専門的助言を受け入れながら，より広い視野から最終的にチームとしての意思決定を行う（図 11-1）。

　同様にして，最低業績と判断された 2 チームの組織構造を示す。チーム内にさらにチームを構成する分派型の組織構造であり，相互補完体制が維持されているように見えるが，明確な意思決定のないまま各業務が遂行されている。チーム内チームの発生は，チーム全体の一体感を欠き，業績に関する満足感も極端に低い（図 11-2）。

図 11-1　最高業績チームの意思決定過程

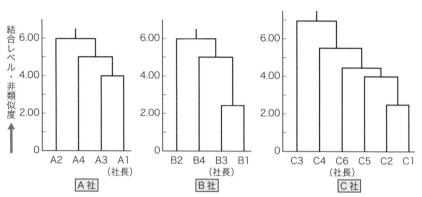

図 11-2　最低業績チームの意思決定過程

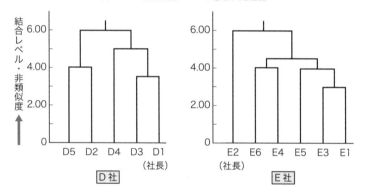

5.2　チームワークの時系列的推移

(1)　時系列的視点

　経営シミュレーションにおけるチーム活動をチームワークとしてとらえ，その認識評価を時系列的に開始時点，中間時点，終了時点の3回実施している。

① 開始時点

　演習に関する基礎教育やガイダンスが終了し，実際の演習活動が開始されて二，三期過ぎた時点である。市場開拓を含む自企業の立ちあがりから経営活動

や集団意思決定過程への習熟の初期過程であり，チームメンバーがチームワークを認識する初期段階である。

② 中間時点

研究開発投資，工場新設などの設備投資，外注利用度，広告費や販売員の単位数決定，各種財務諸表の作成などについてはすでに習熟している段階である。各チームは計算重視から実務的な経営に関する集団意思決定重視へと進化する段階であり，チームメンバーのチームワーク認識は，数多くの集団意思決定を通じた習熟段階といえる。

③ 終了時点

各チームは豊富な経営活動の経験を通じて，安定した経営判断が行える状態である。ここでは，約10年間（40期）の集団意思決定過程を通じた最終段階のチームメンバーのチームワーク認識が確認される。経営業績の優れたチームや倒産後に審判団の管理下になったチームなど認識の多様性を確認できる。

(2) チームワーク認識の概要

チームワーク評価因子全体と，これを構成する作業力と凝集力について解析を行う。全回答者（n＝80）の開始時点と中間時点および終了時点における平均値は，いずれも時系列的に増加しており，チームワークに対する認識は強化されている。特に，凝集力が作業力よりも強い。一方，標準偏差は，時系列の影響はなくほぼ一定であり，作業力が凝集力よりも大きい（図11-3）。

また，各チームワーク評価因子の平均値は，演習の開始時点よりも中間時点や終了時点で大きい。特徴は，いずれも時系列的に増加傾向にあり，中間時点で最大値を示す因子が多い。しかし，作業力や凝集力の「満足感（因子12）」がさらに強化され，終了時点で向上している。

一方，各チームワーク評価因子の標準偏差は，演習を通じてほぼ一定である因子が多いが，作業力の「審判団指導（因子2）」と凝集力の「満足感（因子12）」が上昇している。「2. 審判団指導」でバラツキが増加するのは，前述したように高業績チームと低業績チームでは審判団の指導が異なるためである。また，凝集力の「満足感（因子12）」が時系列とともにバラツキが増加するのは，高業績チームと低業績チームで平均値でも大きな差異があるためであり，

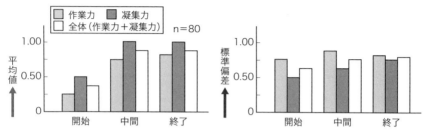

図11-3 平均値と標準偏差

先行研究でも確認されている[3]。

(3) チームワーク認識の時系列的変化

　チームワーク評価因子全体の平均値は，演習開始時点よりも終了時点で高く，危険率1（％）で有意である。特徴は，すべてのチームワーク評価因子の平均値も演習終了時で大きく上昇しており，t0値はいずれも有意である。また，作業力および凝集力ともに，終了時点が開始時点よりも高い。さらに，作業力の「職務遂行（因子5）」が開始時点では負であるが，終了時点では正の高い値であり，「社長指導（因子3）」は，開始時点と終了時点で大きく異なる。また，凝集力の「満足度（因子12）」では，終了時点が開始時点よりかなり高い。他の因子は作業力ほど大きい変化はないが，いずれも終了時点で大きく認識が向上している。

　一方，標準偏差は，チームワーク評価因子全体では，終了時点が開始時点よりも若干大きいが，分散比F0値では統計的有意性はみられない。また，作業力は，終了時点と開始時点は同程度であるが，凝集力では終了時点が開始時点よりも若干大きい。作業力の「審判団指導（因子2）」が，開始時点よりも終了時点で大きく，統計的にも有意である。また，凝集力の「満足感（因子12）」が，開始時点よりも終了時点で大きく，やはり有意である。他の因子では，統計的有意性は確認されない。特徴としては，チームワーク評価因子全体では，終了時点において拡大する傾向にあるが，作業力では縮小傾向であり，凝集力では拡大傾向となることである。これは，時間的経過とともに，経営業績を向上させるための学習効果を通じて，作業力の各因子に対する認識の緊密

第11章 経営シミュレーションにおけるチームワーク　　*225*

表11-6　開始時点と終了時点のチームワーク認識の差異

n＝80

チームワーク評価因子 (P＝12, p＝79)	比較 (質問項目数)	平均値			標準偏差		
		開始 時点		終了 時点	開始 時点		終了 時点
作業力 (P＝6, p＝32)	1　役割分担(5)	0.53	＜	1.05**	0.718	＞	0.660
	2　審判団の指導(5)	0.20	＜	0.52**	0.539	＜	0.788**
	3　社長による指導(5)	0.01	＜	0.70**	0.854	＞	0.760
	4　社長による気配り(5)	0.40	＜	0.89**	0.709	＞	0.705
	5　職務の遂行(8)	−0.04	＜	0.81**	0.688	＞	0.663
	6　職務の確認(4)	0.35	＜	1.04**	0.723	＞	0.693
凝集力 (P＝6, p＝47)	7　一体感(10)	0.39	＜	1.04**	0.653	＜	0.690
	8　雰囲気(12)	0.51	＜	1.06**	0.554	＜	0.612
	9　人間関係(4)	0.56	＜	1.14**	0.690	＜	0.656
	10　モラール(やる気)(6)	0.50	＜	1.11**	0.534	＜	0.647
	11　作業上の相互補完(9)	0.45	＜	0.97**	0.546	＜	0.604
	12　満足度(6)	0.30	＜	0.80**	0.543	＜	0.858**
チームワーク 評価因子	作業力	0.24	＜	0.84**	0.736	＞	0.733
	凝集力	0.45	＜	1.02**	0.593	＜	0.689
	全体	0.35	＜	0.93**	0.676	＜	0.717

＊：p＜.05, ＊＊：p＜.01.

性が強化されたため，そのバラツキが減少すると考えられる。一方，凝集力のバラツキの拡大傾向は，作業力強化に対する一種のトレード・オフとしてのチームバランス感覚によるものと考えられる。この学習過程や習熟過程を通じて，メンバー間の相互理解が促進され，演習開始時点のチームワークに対する初期的段階から徐々に心理的な壁が取り除かれ，より多方面からの凝集力形成過程が促進するためと考えられる[4]～[7]（表11-6）。

(4)　チームワーク認識の時系列的緊密性

　回答者のチームワーク評価因子（12因子）に対して主成分分析を行い，演習開始時点と中間時点および終了時点における固有値とその累積寄与率を時系列的に考察する。特徴としては，第Ⅰ主成分（軸の解釈：「チームワーク：良⇔否」）の寄与率は，いずれも50（％）以上であり，チームワークを評価するための因子として十分に保証されている。さらに，時系列的に固有値（寄与

226　補　遺

表 11-7　チームワーク認識の時系列的漸増性　（主成分分析）

n＝80

主成分 時系列	第Ⅰ			第Ⅱ			第Ⅱ主成分まで	
	固有値	寄与率（％）	傾向	固有値	寄与率（％）	傾向	累積寄与率（％）	傾向
開始時点	6.316	52.6		1.279	10.7		63.3	
中間時点	6.564	54.7	増加	1.273	10.6	低下	65.3	増加
終了時点	7.763	64.7		1.017	8.5		73.2	

率）は増加しており，時間経過とともにチームワーク認識の強化を確認でき
る。さらに，第Ⅱ主成分（軸の解釈：「生産性指向：作業力⇔凝集力」）の寄与
率は 10％前後と低く，時間経過とともに固有値（寄与率）は低減している。
しかし，第Ⅱ主成分までの累積寄与率は 60（％）以上であり，時間経過とと
もに漸増しており，チームワークが強化されている。時間経過とともに多様な
経営課題をメンバーの相互補完を通じての処理により，チームワークが強化さ
れる集団過程を確認できる（表 11-7）。

　主成分分析の第Ⅰおよび第Ⅱの各主成分に対応するチームワーク評価因子
（12 因子）の因子負荷量を 2 次元平面上にプロットし，チームワーク評価因子
全体，作業力，凝集力の距離と面積を求め，その面積の大小によるチームワー
ク認識の緊密性を時系列的に考察する。

　チームワーク評価因子全体では，第Ⅰ主成分軸上の 12 因子の中からプラス
方向の極値①とマイナス方向の極値②を求め，その範囲（③＝①－②）を求
める。同様にして，第Ⅱ主成分軸上の 12 因子からプラス方向の極値④とマイ
ナス方向の極値⑤を求め，その範囲（⑥＝④－⑤）を求める。最後に，第Ⅰ
主成分の範囲③と第Ⅱ主成分の範囲⑥を乗ずることにより面積（⑦＝③×
⑥）を求め，時系列的な傾向を確認する。また，作業力および凝集力でも同様
の手順を行い，最終的に面積⑦を求め，その傾向を確認する。

　特徴としては，チームワーク評価因子全体においては，第Ⅰ主成分で範囲③
は時系列に従い，収束する傾向があり，チームワーク認識が集中化し一体化さ

れる傾向（演習開始時点：0.520 →中間時点：0.485 →終了時点：0.361）がある。一方，第Ⅱ主成分の範囲⑥は演習を通じてやや拡散する傾向（同様にして，1.016 → 1.035 → 1.095）にある。最終的な面積（⑦ = ③ × ⑥）は，収束する傾向（0.528 → 0.502 → 0.395）があり，緊密性を持って凝縮されていく集団過程を確認できる。

また，作業力でも，第Ⅰ主成分で範囲③は時系列的に収束する傾向（0.401 → 0.340 → 0.321）があり，チームワーク認識が収束している。一方，第Ⅱ主成分の範囲⑥は，拡散する傾向（0.644 → 0.719 → 0.795）がある。最終的な面積（⑦ = ③ × ⑥）の傾向は明確ではないが，開始時点と終了時点での比較では収束する傾向（0.266 → 0.244 → 0.255）があり，緊密性は強化されている。

さらに，凝集力では，第Ⅰ主成分で範囲③は時系列的に明確な傾向はみられないが，開始時点と終了時点での比較では収束する傾向（0.246 → 0.314 → 0.196）がみられる。一方，第Ⅱ主成分の範囲⑥は，拡散する傾向（0.232 → 0.367 → 0.388）がある。最終的な面積（⑦ = ③ × ⑥）の傾向は明確ではないが，開始時点と終了時点での比較では拡散する傾向（0.057 → 0.115 → 0.076）がある。

このように，第Ⅰ主成分では時系列的に距離は短縮しており，チームワークの緊密性は強化する。一方，第Ⅱ主成分は拡散する傾向にあり，面積はチームワーク評価因子全体と作業力では収束し，凝集力では拡散する傾向がある。チーム運営上必要とされる作業力の緊密性強化を凝集力の心理的な広がりによってチームワークを維持するという自律的な集団維持機能が生じている（表11-8）。

(5) チームワーク認識の時系列的階層構造

チームワーク評価因子（12因子）の階層構造を確認するために，階層的クラスター分析を行う。ここで，クラスター化法と類似係数の組合せから最も一致プロット（コーフェン相関係数）が高くデンドログラムの理解が得やすい，群平均法（クラスター化法），平均ユークリッド距離（類似係数）を採用している。各時点での第Ⅰ主成分から第Ⅴ主成分に対応する因子負荷量行列に基

228 補 遺

表 11-8 チームワークの時系列的緊密性（主成分分析による因子負荷量に基づく距離と面積）

n＝80

チームワーク評価因子 / 時系列	評価	第Ⅰ主成分(横軸)：チームワーク(良⇔否)						第Ⅱ主成分(横軸)：生産性指向(作業力⇔凝集力)						全体	
		正方向の因子負荷量の極値		負方向の因子負荷量の極値		距離	傾向	正方向の因子負荷量の極値		負方向の因子負荷量の極値		距離	傾向	面積	傾向
		①	因子番号	②	因子番号	③＝①－②		④	因子番号	⑤	因子番号	⑥＝④－⑤		⑦＝③×⑥	
全体（作業力＋凝集力） 開始時点		0.931	7	0.411	2	0.520		0.664	3	−0.352	11	1.016		0.528	
中間時点		0.908	7	0.423	2	0.485	集中	0.535	4	−0.500	10	1.035	拡散	0.502	集中
終了時点		0.887	7	0.526	2	0.361		0.685	2	−0.410	9	1.095		0.395	
作業力 開始時点		0.812	6	0.411	2	0.401		0.664	3	0	6	0.664		0.266	
中間時点		0.763	1	0.423	2	0.340	集中	0.535	4	−0.184	6	0.719	拡散	0.244	集中 (1)
終了時点		0.847	1	0.526	2	0.321		0.685	2	−0.110	6	0.795		0.255	
凝集力 開始時点		0.931	7	0.685	10	0.246		−0.120	7	−0.352	11	0.232		0.057	
中間時点		0.908	7	0.594	12	0.314	集中 (1)	0.133	8	−0.500	10	0.367	拡散	0.115	拡散 (1)
終了時点		0.887	7	0.691	12	0.196		0.022	8	−0.410	9	0.388		0.076	

(1)開始時点と終了時点の2時点での比較。

づいて階層的クラスター分析を行い，開始時点から中間時点を経由して終了時点にいたるまでのデンドログラムを検討する。開始時点は，凝集力（因子7〜12）の6因子がコアとして一つのクラスターを形成している。これらに作業力（因子1〜6）が順次チームワーク認識に取り込まれていくが，「社長指導（因子3）」と「職務遂行（因子5）」が分離されており，階層構造は分離分派型と言える。ここで，一致プロットは高く（r0＝0.936），デンドログラムは原始データを良好に反映している。中間時点は，凝集力の因子7〜11の5因子に対して作業力の「役割分担（因子1）」，「職務確認（因子6）」，「職務遂行（因子5）」の3因子が取り込まれ，その後に残りの因子「社長指導（因子3）」，「社長気配り（因子4）」，「満足感（因子12）」，「審判団指導（因子2）」の4因子が取り込まれている。一致プロットは高い（r0＝0.894）。また，終了時点は，凝集力の「まとまり（因子7）」，「雰囲気（因子8）」，「相互補完（因子11）」，「人間関係（因子9）」の4因子でまず一つのクラスターを生成し，その後「役割分担（因子1）」，「やる気（因子10）」，「職務確認（因子6）」が取り込まれている。その後，作業力の3因子が取り込まれ，さらに，「満足感（因子

第11章 経営シミュレーションにおけるチームワーク　*229*

12)」,「審判団指導（因子2）」が一体化されている。デンドログラムの一致プロットは高い（r0＝0.932）。時系列的に考察すると，チームワーク評価因子は開始時点の分離分派型から中間時点あるいは終了時点の分岐階層型へと階層構造は推移している。いずれも，最初に凝集力がコアクラスターを生成し，それらに作業力の各因子が順次に取り込まれる。終了時点では，凝集力と作業力が混在一体化している。特徴としては，演習が実質的に運営され始める中間時点と終了時点において，集団過程の最後に「満足感（因子12）」と「審判団指導（因子2）」が取り込まれることである。チーム内の作業力と凝集力の融合は，チームワークの緊密性を高め，企業業績にも貢献することが製造産業界における実態調査でも確認されている。このように，集団の意思決定問題における心理的な集団過程は開始時の分離分派型から終了時には明確な分岐階層型の階層構造に移行している（図11-4）。

　チームワークと経営業績では，高業績チームは，低業績チームよりもチームワーク認識の平均値は高く，最高業績チームの意思決定過程は，分岐階層型であり，最低業績チームは分派型であり，大きく異なる。さらに，チームワーク評価因子の平均値のバラツキにおいては，高業績チームは低業績チームよりもチームワーク認識のバラツキは小さい傾向にあることが確認される。

　擬似経営活動としての経営シミュレーションに着目し，チームワーク認識と経営業績の関連性とチーム構成員の意思決定過程を確認している。産業界におけるチームワークのマネジメントを解析するための定量的解析アプローチの有効性を確認するとともに，有益な知見が得られた。

　また，チームワークの時系列的推移では，擬似経営活動を行う経営シミュレーション演習におけるチームメンバーが行う集団意思決定時のチームワークに着目し，演習の開始時点と中間時点さらに最終時点における認識を時系列的に考察している。ここでは，チームワークマネジメントの基本となるチームワークについて定量化と可視化を先行研究[16]に基づいて，それらの認識過程と差異を確認している。従来研究では，最終時点のみのデータに基づく解析が行われる場合が多く，時間的経過による心理学的認識過程の考察は少ない。統

図11-4 チームワーク評価因子の時系列的階層構造の推移 (n=80)

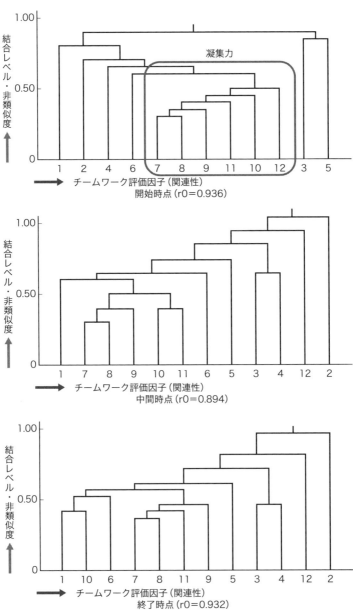

計的検定や多変量解析からも興味ある知見が確認できる。

　産業界における実態調査に先立って経営シミュレーションに着目し考察した。チームの集団過程は必ずしも一定ではなく，時系列的に変化するとともに，そのチームワーク認識は強化されることが確認された。チームワークの緊密性やそれらの階層構造を確認することが重要である。この定量的な解析アプローチは，産業界でも可能であると考えている。引き続き，集団力学と社会生産性の視点から産業界に貢献したいと考えている。

参考文献

[1]　桑名栄二・坂本泰久「電子コミュニケーション・コラボレーションの分析」『実験社会心理学研究』Vol. 36, No. 1, 160-169 頁（1996）。

[2]　古川久敬「電子コミュニケーションとチーム活動」『組織科学』Vol. 29, No. 1, 18-28 頁（1995）。

[3]　小野道照・野渡正博「経営シミュレーションにおけるチームワークと業績―チーム・マネジメントにおけるグループ・ダイナミックス研究 (1) ―」『日本経営工学会論文誌』Vol. 53, No. 3, 61 -70 頁（2002）。

[4]　West, M. A. and Anderson, N. R., "Innovation in Top Management Teams", *Journal of Applied Psychology*, Vol. 81, No. 6, pp. 680-693（1996）.

[5]　Spector, P.E, *Industrial and Organizational Psychology, Research and Practice*, 2nd ed, John Wiley & Sons, New York（2000）.

[6]　上則直子．古川久敬「チーム業績の規定因としての成員による価値・基準および知識・スキルの学習」『産業・組織心理学研究』Vol. 14, No. 1, 65-74 頁（2001）。

[7]　Peterson, R. S., Smith, D. B., Martorana, P. V. and Owens, P. D., "The impact of Chief Executive Officer Personality on Top Management Team Dynamics : One Mechanism by Which Leadership Affects Organizational Performance", *Journal of Applied Psychology*, Vol. 88, No. 5, pp. 795-808（2003）.

出 典 一 覧

序　章：野渡正博(2015)「グローバル生産を支えるチームワークマネジメント―社
　　　　会関係資本の具現化と経営工学―」経営システム，公益社団法人日本経営
　　　　工学会，Vol. 25，No. 1，32-37 頁。
第 1 章：野渡正博(1987)「異なる役割構造をもつグループ作業に関する実験的考
　　　　察」日本経営工学会誌，公益社団法人日本経営工学会，Vol. 38，No. 2，
　　　　112-119 頁。
第 2 章：野渡正博(1988)「グループ作業におけるリーダーの意識に関する調査」日
　　　　本経営工学会誌，公益社団法人日本経営工学会，Vol. 39，No. 5，337-343
　　　　頁。
第 3 章：1. 野渡正博(1990)「グループ作業における集団統合化要因の関連性―主
　　　　成分回帰によるグループサイズ別の関連性およびチームワーク要因の
　　　　抽出について―」日本経営工学会誌，公益社団法人日本経営工学会，
　　　　Vol. 41，No. 3，153-164 頁。
　　　　2. 野渡正博(1992)「産業界におけるグループ・ダイナミックス：チーム
　　　　ワーク要因の確認とその検証―グループ作業に関する一連の研究を総
　　　　括して―」(論文発表)，日本経営工学会誌，公益社団法人日本経営工
　　　　学会，Vol. 43，No. 4，241-252 頁。
第 4 章：野渡正博(1994)「自動車部品製造企業における作業集団のチームワーク状
　　　　態と生産性―インダストリアル チームワーク ダイナミックスの構築と検
　　　　証(第 1 報)―」日本経営工学会誌，公益社団法人日本経営工学会，Vol.
　　　　45，No. 5，479-487 頁。
第 5 章：野渡正博・南木伸太郎(1997)「作業集団における作業形態とチームワーク
　　　　状態に関する定量的評価(縫製企業の場合)―インダストリアル チーム
　　　　ワーク ダイナミックスの構築と検証(第 2 報)―」，日本経営工学会論文
　　　　誌，公益社団法人日本経営工学会，Vol. 48，No. 4，166-173 頁。
第 6 章：野渡正博(2009)「宗教と国富に基づくチームワーク認識差異の確認―イン
　　　　ダストリアル チームワーク ダイナミックスの構築と検証(第 3 報)―」日
　　　　本経営工学会論文誌，公益社団法人日本経営工学会，Vol. 60，No. 4，197-
　　　　210 頁。
第 7 章：書きおろし。
第 8 章：野渡正博・飛田甲次郎(2013)「生産タクトの差異が中国人作業者のチーム
　　　　ワーク認識に与える影響」産業・組織心理学研究，産業・組織心理学会，

出典一覧　*233*

Vol. 26, No. 2, 107-120 頁。

第 9 章：書きおろし。

第10章：書きおろし。

第11章：1. 小野道照・野渡正博(2002)「経営シミュレーションにおけるチームワークと業績―チームマネジメントにおけるグループ・ダイナミックス研究(1)―」日本経営工学会論文誌，公益社団法人日本経営工学会，Vol. 53, No. 1, 61-70 頁。

2. 野渡正博・直井知与・阿久津正大(2006)「経営シミュレーションにおける集団過程の時系列的考察―チームマネジメントにおけるグループ・ダイナミックス研究(2)―」日本経営工学会論文誌，公益社団法人日本経営工学会，Vol. 57, No. 2, 172-179 頁。

出典一覧　*233*

　　　　　　Vol. 26, No. 2, 107-120 頁。
第 9 章：書きおろし。
第 10 章：書きおろし。
第 11 章：1. 小野道照・野渡正博(2002)「経営シミュレーションにおけるチーム
　　　　　　ワークと業績―チームマネジメントにおけるグループ・ダイナミック
　　　　　　ス研究(1)―」日本経営工学会論文誌，公益社団法人日本経営工学会，
　　　　　　Vol. 53, No. 1, 61-70 頁。
　　　　　2. 野渡正博・直井知与・阿久津正大(2006)「経営シミュレーションにお
　　　　　　ける集団過程の時系列的考察―チームマネジメントにおけるグループ・
　　　　　　ダイナミックス研究(2)―」日本経営工学会論文誌，公益社団法人日本
　　　　　　経営工学会，Vol. 57, No. 2, 172-179 頁。

著者紹介

野渡正博（のわたり　まさひろ）

1948 年　横浜生まれ，玉川大学名誉教授，博士（工学）（玉川大学），博士（心理学）（中京大学），産業社会学者，GITD Institute 主宰。

単著：『グローバル　インダストリアル　チームワーク　ダイナミックス』ナカニシヤ出版
　　　（2012），

共著：*Developing High Performance Work Teams,* Vol. 2, American Society for Training &
　　　Development, Alexandria, Virginia（1999），他多数。

　（財）日本科学技術連盟（JUSE），（社）日本能率協会（JMA），日本インダストリアル・エンジニアリング協会（JIIE）および（公社）日本経営工学会（JIMA）でチームワークについて企業人と調査研究．この間，JMA, JIIE より各種論文賞受賞。

　研究論文は JIMA, JAIOP を主として他多数，国際会議での GITD 報告多数。

　国内外における生産現場のチームワークマネジメントについて実践的研究を展開，

　ミシガン大学，ノーステキサス大学，パデュー大学，客員教授。

　（公社）日本経営工学会（JIMA），産業・組織心理学会（JAIOP），国際ビジネス研究学会（JAIBS）各会員。

　連絡先 / email：masahiro.nowatari@gmail.com

ものづくり生産現場の社会システム
―チームワーク研究の世界展開―

2017 年 9 月 25 日　第 1 版第 1 刷発行　　　　　　　　　検印省略

著　者	野　渡　正　博
発行者	前　野　　　隆
	東京都新宿区早稲田鶴巻町 533
発行所	株式会社 文　眞　堂
	電　話　03（3202）8480
	FAX　03（3203）2638
	http://www.bunshin-do.co.jp
	郵便番号（162-0041）振替 00120-2-96437

印刷・真興社　製本・イマヰ製本所

ⓒ 2017

定価はカバー裏に表示してあります

ISBN978-4-8309-4960-9 C3034